いでしょう。何をもって自分が満足するか、それを知っている人こそが幸せになれる。逆に自分がどこで満足するかを知らない人は、たとえどれだけ物質的に恵まれても心は満たされず、永遠に幸せをつかむことができない。そんなふうに解釈できる言葉です。

当時、僕はまだ卒業後の就職先が決まっていなかったので、「自分はこれからどんな仕事をしようか。いったい何を達成することができたら自分は満足できて、よい人生だったと思えるだろうか」といったことを熟考していました。授業中は会計やマーケティングなどの勉強に忙しかったのですが、自分がどう生きていくかを決めることは、そのようなことよりも大切なことではないかと思えたのです。

しかし今の日本には、このような人生の目標を設定しないまま過ごしているビジネスパーソンが多いように感じます。口をついて出てくる言葉は、「仕事がつまらない」「やりたいことができない」といった不満ばかり。

この本を手に取ったあなたばかりではなく、あなたの周りにも「仕事がつまらない」という悩みを抱えている人はいるのではないでしょうか?

理由はいろいろと考えられますが、ひと言でいえばそれはやはり、「足ることを知らない」からであるように思えます。どんなにいい仕事をしても、どんなに高い給料をもらっても、ただ上を目指し続けているのであれば、いつまでたっても満足感を得ることはできません。最初は楽しい仕事でもそのうちつまらないと感じてしまうはずです。貪欲に挑戦する姿勢はもちろん大事ですが、それでも自分がどこに向かっているかを明確に意識しなければ、自分を見失ってしまうでしょう。

何をもって満足すべきかを知らない人は、属している会社の環境が悪いのではと考え、そのうち転職を経験すると思います。そういう人は結局、転職先でも自分の仕事に満足できず、つまらないと感じるはずです。何度転職しても同じことの繰り返し。その結果、給料は上がらず、スキルも身につかず、人間関係も構築できず、ますます仕事がつまらなくなるという悪循環。「面白い仕事、やりがいのある仕事はいったいどこにあるのだろう」「そもそも楽しい仕事なんてあるのだろうか」。そんなふうに思い悩むことでしょう。

でも僕は、はっきりとこういうことができます。

「仕事なんてそもそも、楽しくないのが当たり前」

多くの人は、「楽しい仕事」がどこかにあると思っていて、それを探そうとしているように見えます。しかし求人情報を見て探したところで、そんなものはありません。「きっとどこかにある」と思ってはいけません。少し大げさにいえば仕事というのはいつも、面倒なこと、嫌なことの連続です。自分が志望する会社に就職したはずなのに、仕事がつまらない、やりがいを感じられないという人は、まずこの大前提に気づくべきでしょう。

それでも実際には、仕事を楽しんでいる人はいます。僕は今、ライフネット生命の副社長という仕事を楽しんでいるし、周りを見ても仕事を楽しんでいる人はたくさんいます。

「楽しい仕事はないといったのに、仕事が楽しいとはどういうことだ」と、矛盾を感じるかもしれません。しかし、僕がいいたいのはこういうことです。

「この世に楽しい仕事とつまらない仕事があるわけではない。すべての仕事は気の持ちようによって楽しくもなるし、つまらなくもなる」

楽しい仕事がどこかに転がっているわけではないのです。仕事が楽しくなるかどうかは、自分自身の問題なのですから。

・楽しく働くための3つの仕事観

僕はライフネット生命の副社長を務める傍ら、北は北海道、南は沖縄まで、全国各地を講演行脚しています。多い時で週5回。2011年は100回近くの講演をしました。第一の目的は自分の会社のことを広く知ってもらうことなのですが、「保険の話をしてください」というオファーよりも、**「仕事について悩んでいる20代・30代のビジネスパーソン向けに話をしてください」**と頼まれることのほうが増えています。

ありがたいことに、最近はどの講演会場も満席に近い状態が続いています。終身雇用・年功序列社会が終焉する中で個人の働き方も一様ではなくなり、これまでのように「右へ倣《なら》え」さえしていれば、誰でもそこそこの幸せを手にすることのできる時代ではなくなっています。そんな中で、働くことの意味を見出せない人が増えているのでしょう。

講演のあとには、皆さんからの質問も受け付けています。

やりたいことを見つけるにはどうしたらいいか。仕事がつまらない、楽しく働けるコツはないか。いくら頑張っても給料が上がらない。将来のことを考えるとこのままでいいのか不安になる。上司に怒鳴られてばかりで会社に行く気もしない。部下が自分について来ない。どうしたらプレゼンがうまくなるか。転職はどういった基準ですべきか。起業したいけれど、何から始めればいいのか分からない。

聞いてみると、人それぞれの事情、悩みがあるのだと思い知らされますが、「仕事がつまらない」という悩みについては、率直に「もったいないな」と思います。先ほども述べたように、「楽しい仕事」があるわけではなく、そんなところで躓《つまず》いていては若いエネルギーと時間を無駄に費やしているだけではないかと思うからです。

では、どうすればいいのでしょうか。

先ほどの「足ることを知る」につながるのですが、それは、自分が仕事をいかに楽しむか、ということに尽きると思います。仕事がつまらないという人は、そもそも「働く」ということに対する考え方・姿勢が間違っているのかもしれません。それでは何をしてもつまらなくて当たり前です。一度、自分が何を大事にして働いているのか、整理してみるとよいでしょう。

僕の場合は、**❶何をやるかよりも「誰とやるか」、❷自分にしかできない「何か」はあるか、❸社会に「足跡」を残したい**。この3つの仕事観を大事にしてきました。1つずつ解説していきましょう。

❶何をやるかよりも「誰とやるか」

大学時代、司法試験に合格した僕は弁護士になるつもりでいましたが、結局そのような選択はしませんでした。「どうして？　もったいないよ」「岩瀬は変わっているな」と言われたものですが、いろいろな法律事務所を訪問した僕の個人的な感想としては、みんなとても疲れた顔をしていて、精気が感じられない。そして何より、楽しく仕事をしている感じが伝わってこなかったのです。

自分がなりたいのはそんな大人ではない。

そう思った時にインターンとして働いたボストン・コンサルティング・グループ（BCG）では、ウイットに富んだ人たちが活き活きと働いている。当時は今ほどコンサル会社が学生に認識されておらず、「その会社、何？」と聞かれるほどでしたが、それでも新卒でそこに入社したのは、「活き活きと働く人たちと仕事をしたいな」と思ったからです。

ライフネット生命を始める時も、最初に「生保をやる」と決めていたわけではありません。投資家の谷家衛《たにやまもる》さん（あすかアセットマネジメントCEO）に「新しいことをやろう」と言われて、「この人と何かやったら面白そうだな」と感じたから、起業の道を選んだのです。

仕事を選ぶ際には、「何をやるか」ということはなかなか自分では選べないものです。それに比べ「誰とやるか」ということなら、ある程度は選べます。

僕はいろいろ縁あってネット生命保険事業をやっていますが、今一緒に働いている仲間たちとであれば、まったく別の仕事であったとしても、協力し合いながら楽しくクリエイティブに取り組めるだろうなと思っています。

❷自分にしかできない「何か」はあるか

どんな世界でも、スペシャリストは貴重な存在です。「これなら誰にも負けない」「こういうことなら自分は何かひと工夫できそうだ」という特技を活かせる仕事なら、それはその人に合った仕事だということができます。働くのも楽しいに違いありません。

でも、「そんな特技はない」「特技はあるけど、会社にはもっとすごいヤツがゴロゴロいる」なんていう人もいるでしょう。特に大企業においては、従業員が個性を発揮するのはなかなか難しいことです。

そういう意味では、**僕は小さな会社を転々としてきてよかったと思っています**。小さな会社であればあるほど、「この中では自分にしかできない」ということが増えます。ライフネット生命を立ち上げた時などは、社長の出口治明《でぐちはるあき》と2人だけでした。業界の経験や知識でみれば出口のほうがはるかに優位ですが、僕のほうが若いのでインターネットの使い方には詳しい。そうなると、インターネットに関しては僕は頼られる存在になるわけです。

最近は学生が大企業を志望して、名もない中小企業は求人を出してもまったく人気がないといわれますが、小さな組織だからこそのメリットが必ずあります。大会社で働くということは、大きな機械の歯車になるということを意味します。果たして、今、就職活動で大企業ばかりに目が向いている学生たちに、その覚悟があるのでしょうか。

自分らしく、楽しく、活き活きと働きたいのであれば、僕は小さな、伸び盛りな会社を勧めます。小さな会社では毎日どこに行くか、何が起こるか分からない。突然面白そうな仕事がまわってくる。いろいろな人に会える。若いうちからさまざまな経験を積むことができ、自分がかけがえのない存在として職場で輝くことができます。

❸社会に「足跡」を残したい

若い時には、「人間は何のために生きているのだろう」といったことを考えるものです。僕も学生時代には多種多様なことに思慮をめぐらせていました。その時に思ったのは、「人間はみんな、いつか死んでしまう。儚《はかな》いものだな」ということです。

今は当たり前のように生きている自分も、平均寿命を全うするとしたら残された時間はあと50年。1年という時間はあっという間に過ぎてしまいます。そのうえ体感時間というものは年齢を重ねるほど加速度を増していきますから、現在36歳の僕は、実質的にはもう人生の半分を過ぎているといえるのかもしれません。

僕は死ぬまでに、自分が生きた足跡をこの社会に残していきたいと思っています。

いつか死んでしまっても、誰かに覚えていてもらえるような仕事ができれば、生きた意味があったのだろうと思います。

そういう意味では、僕は教師という仕事は素晴らしいものだ思います。みんな小学校時代の担任の先生のことを覚えています。たとえ嫌な先生でも、その印象は強く残っているものです。そんなふうに、何百人、何千人もの生徒の記憶に刻み込まれていく生き方は、なんて素晴らしいのだろうと思います。

僕が今やっている仕事は教師とは違いますが、世の中にこれまでなかったものをつくって後世に残すことはできます。その足跡が、僕が生きた証《あかし》になるのではないかと思います。そういう仕事をこれからもしていきたいと思っています。

・6つの原因で仕事はつまらなくなる

そもそも、なぜ仕事をつまらないと感じてしまうのでしょうか。先ほど「足ることを知らないから」と述べましたが、具体的な原因としては次の6つが考えられます。

❶コミュニケーションがうまく取れないから

上司、同僚、部下、他部署の人間、顧客。仕事ではさまざまな人間とのコミュニケーションが必要とされます。それがうまくできないと仕事は円滑に進まないし、時には誤解が生じて人間関係の悪化を招きます。コミュニケーション不全が起きている環境では当然、気持ちよく働くことができません。そのうち会社に行くのも億劫になってしまいます。

❷自分のスキルが足りないから

スキルが不足していると、自分にできることが限られてしまいます。自分のやりたいことと自分のできることのギャップに悩み、なかなか満足のいく仕事ができません。みんなに迷惑をかけてしまっていないか、自分はこの仕事に向いていないのではないかという心配をしながら働くことになるかもしれません。

❸モチベーションが上がらないから

人間だから、結局は気分次第というところもあります。何をやってもうまくいかない時、単純作業ばかりさせられている時、待遇が悪い時。なんらかの理由で気分が沈んでいると、仕事へのモチベーションも下がってしまいます。

❹キャリアプランがうまくいっていないから

自分が本当にやりたい仕事に就けていないから仕事を楽しめないのだと感じる人もいます。「これをやりたいけどやれない」「こうなりたいけどなれない」という長期にわたる不満が募っているので、どんなにいい仕事をしても心の底から満たされることはありません。

❺プライベートに問題があるから

「仕事にプライベートを持ち込むな」とはよく言われますが、プライベートは大切なことだから、仕事に影響しないわけがありません。プライベートの充実があってこそ仕事の充実があるので、プライベートに問題を抱えていると仕事を楽しむことができません。

❻チャレンジしていないから

安定志向で現状に満足しているのであれば別ですが、本当は何かやりたいことがあるのに失敗を恐れて一歩踏み出せないという人は、チャレンジしている人に比べて自分の人生を楽しみきれていません。

仕事を楽しむにはこの6つの原因を1つずつ解消していけばいいのです。仕事を楽しめていない人はよく、「上司がダメだから」「会社がダメだから」「社会のシステムがおかしいから」と、その理由を外に求めようとします。もしかすると、自分が解決の鍵を握っていることに気づいていないだけなのかもしれません。本当は、どれも自分次第でどうにでもなることばかりです。

本書は「仕事がつまらない」と悩むビジネスパーソンが、どうすれば仕事を楽しめるようになるか、そのヒントや気づきとなりそうなものを僕なりに集めたものです。

僕は、28歳の時、それまで働いていた会社を辞め、ハーバード経営大学院に留学しました。そして、留学から帰国後の30歳の時にライフネット生命保険の前身となる会社を社長の出口治明とともに立ち上げました。僕にとって30歳前後は、悩み抜き、人生のターニングポイントとなった年齢でした。

30歳前後は、高校、大学を出て1つの会社で働いていれば、入社10年目くらいにあたります。入社10年目というと、仕事にも慣れてきたことで逆にマンネリに陥《おちい》ったり、組織で部下や後輩ができて自分の仕事を振り返るとともに、悩みも出てくるタイミングです。

僕は今、副社長である自分の仕事を**「社員のチアリーダー」**と位置づけています。つまり、他人に仕事を楽しんでもらうという意味では、本書の内容は、日々、僕が実践していることばかりです。

ライフネット生命保険を創業し、副社長になってから経験年数はまだ4年と短いかもしれませんが、**ありがたいことに社員からは「今までの会社だと休日が早く来ないか待ち遠しかったのに、この会社に来てからは土日に『早く月曜日にならないかな』と思うようになった」という言葉ももらっています。**多少、社交辞令はあるのかもしれません。ただ、現在のライフネット生命には、社員100人ほどの若い会社にもかかわらず、すでに運動部が8つもあります。どれも社員の有志が自主的につくったものです。仕事が充実していないとこのような余裕は生まれません。8つの運動部は、社員全員が仕事を楽しんでいるということが、形となって現れたものではないかと自負しています。

それぞれの章は、先ほどの6つの原因（❶コミュニケーション、❷スキル・アップ、❸モチベーション、❹キャリア、❺プライベート、❻チャレンジ）をテーマとして、僕が仕事をしながら気づいたことや、講演会やプライベートで出会ったビジネスパーソンから出てきた「悩み」の答えとなるものを散りばめています。

働くということは何か。気持ちよく働くために大事なことは何か。どうすれば人生は豊かになるのか。

1人でも多くのビジネスパーソンの、新たな気づきとなれば幸いです。

入社10年目の羅針盤　目次

chapter1▼▼▼

仕事は、他人の力を借りれば、4倍楽しくなる

COMMUNICATION

chapter2▼▼▼

勉強が嫌いな人でも人生の「学び」なら楽しめる

SKILL-UP

chapter3▼▼▼
仕事を楽しそうにしている人の秘密

MOTIVATION

chapter4▼▼▼

不採用通知は、自分の人生を闘っている賞状だ

CAREER

chapter5▼▼▼

仕事とプライベートは分けるな

PRIVATE

chapter6 ▼▼▼ 目的地までの旅を楽しくする

CHALLENGE

COMMUNICATION

chapter 1

仕事は、
他人の力を借りれば、
4倍楽しくなる

▶もう「会社に行きたくない」なんて言わせない。
仕事を円滑に進めるコミュニケーション術

1 できない仕事は、「借りる力」で解決せよ

「あの上司は現場のことが分かっていない。考えていることが理解できない。どうすればいいんでしょうか」

ビジネスパーソンからよくこんな相談をされます。

入社10年目にもなると、上司から求められる役割が、自分1人のことではなく、後輩を含めたチーム全体の責任、また数字としての結果を求められることもあるでしょう。

そのため、現場と管理監督者である上司との板挟みになり、上司に対する悩みも倍増してしまうことがあるかもしれません。

上司とのコミュニケーション不全の問題は昔からよくある話で、今に始まったことではありません。居酒屋の隣の客席から、どこかの上司の悪口が聞こえてくることもあります。

仮にその上司が自分にとって嫌な人間でも、1つだけいえることがあります。上司は上司である以上、仕事のことについては自分よりもたくさんのことを知っている、ということです。仕事の進め方、クレーム対応、文章の書き方、社内の人間関係や慣習、社長がよく言うことやその性格、自社と取引先との関係、過去のトラブル。こういったことは、経験で勝る上司のほうが詳しいことがほとんどです。

総合力で上司を上回る部下は、そうそういるものではありません。仮に自分のほうが上司より優れていると自負するうえで不満があるなら、自分をそれだけ評価してくれる会社に転職するか、独立してしまうべきです。それができないのであれば、上司との付き合い方を見直すべきでしょう。

"Managing Your Boss"

これは僕がハーバード・ビジネス・スクールの授業で教わった言葉で、**「自分の上司を上手にマネージせよ」**という意味です。つまり、上司とのソリが合わないのは、相手が悪いのではありません。自分が上司をマネージできていないということなのです。上司と喧《けん》嘩《か》することが目的なら、相手の嫌なところを徹底的に研究するのも構いませんが、**気持ちよく働きたい、自分のスキルをもっと伸ばしたい、ハッピーになりたいというのであれ**

ば、上司を上手にマネージする方法を考えるべきです。そのためにはまず上司に敬意をもって接すること。自分がそのように接していれば、だんだんと上司とのソリも合ってくるようになるでしょう。

では上司をどうマネージすればよいか。僕は、**「借りる力」を持つ**ことではないかと思います。仕事というのは、いかに他人の力を借りて進められるかということが重要なのです。

例えば大切なお客様のところに営業に行くとします。その時に自分1人で行っても、相手にされないことが分かっている場合は、上司に付いてきてもらえばいいのです。するとお客様にも、「ちゃんとした話を持ってきているんだな」ということが伝わります。**自分が話すのと上司が話すのとでは説得力が違います**し、この場合は上司には自分の後ろにいてもらうだけでもいいでしょう。バックに経験のある人が控えているということを見せるだけでも、お客様に安心感を与えることができます。

また、**プレゼン資料をつくったら、事前に上司に見てもらう**のもいいでしょう。「全然ダメじゃないか」と怒られるかもしれませんが、それは確実にブラッシュアップの方向に進んでいるということです。お客さんの信用を失うことに比べたら、上司に怒られるダメージなどゼロといっていいくらいです。僕は今でも自信のない時は社長の出口に資料を見せて、添削してもらっています。

上司としても、部下に頼られることは悪い気がしないものです。「こんなこともできないのか」と言われるかもしれませんが、それでもアウトプットをしっかり出していけば、上司もいずれ認めてくれるはずです。

僕は20代のころ、「岩瀬は人の8倍仕事をする」と言われたことがあります。これは僕が人の8倍能力があったわけでもなく、人の8倍頑張ったわけでもありません。**上司の力をうまく借りていたので、8倍のアウトプットになった**のです。

「借りる力」を身につければ、実力のない人でもすぐに「デキる人」になれます。自分の力だけで頑張ってもせいぜい他人の2~3倍しか仕事はできないのですから、今「デキる人」にとってもこの「借りる力」は有効だといえます。

しかし多くの人は、この「借りる力」を持とうとすらしません。なぜでしょう。

やはり「借りる」という言葉のイメージがあまりよくないからなのかもしれません。「借金」「借りを返す」といったことも、なるべくなら最初から借りがないほうが好ましいものです。

しかし、**仕事には「自分にできる仕事」と「自分にできない仕事」の2つしかなく、できないことはほかの人にやってもらうほかありません。**そのようにシンプルに考えれば、自分の仕事がもっとラクになるはずです。できない仕事への心理的負担が半分になり、できる仕事は倍楽しくなる。つまり他人の力を借りることで、仕事は4倍楽しくなるのだと思います。

2 ワンランク上の「おもてなし」をする

日本はおもてなしの精神がある国です。一流の旅館や料亭のサービスには芸術に近いものがあるし、安いお店であっても不快な接客をするお店はごくわずかです。外国人観光客は日本の接客業に感動を覚えて帰ります。最近は中国人が日本流の接客を学ぼうと、研修のために来日することも珍しくないと聞きます。

このように私たちは「おもてなし」のあふれる国に住んでいますが、自分はサービス業ではないからと、その精神を忘れてしまってはいないでしょうか。実は前項の「人の力を借りる」場合でも、おもてなしの心が1つの重要なポイントになります。いくらお人好しでも、頼まれてばかりだと嫌気がさしてしまいます。そうさせない気遣いは必要なのです。

先ほどの例でいうと、上司に資料をチェックしてもらう場合にも、メールに資料を添付して「お願いします」だけでは「配慮が足りないヤツだ」と思われてしまうかもしれません。メールを大量に受信する上司の立場からすれば、添付ファイルをクリックして、閲覧ソフトを起動するということだけでも、相手からすればその行為を「押し付けられた」印象を持ってしまうのです。

上司も忙しいですから、これではメールを無視されても、文句は言えません。この場合は、**プリントアウトしてから上司に紙で渡す**というひと手間を忘れないでください。

ペーパーレスの企業なら別ですが、パソコンの画面より紙のほうが視認しやすく、チェックする際も赤字を入れやすいというメリットがあります。これだけでも頼まれる側の気持ちは大きく変わります。小さなことですが、これも大事な「おもてなし」の1つです。

相手が上司であれば、これに「お願いします」「ありがとうございました」と言葉で伝えておけば十分です。

しかし仕事では、社外の人間に力を借りる場合もあります。その場合にはもうワンランク上の「おもてなし」をすることで、相手も快く引き受けてくれることでしょう。相手に会ってお願いするのであれば、それこそ手みやげを持って行くくらいのことはしましょう。

それは決して物質的なものとは限りません。例えば**何か代わりに作業をすることでもいいですし**、**人を紹介する**ということでもいいでしょう。相手の会社が何かサービスを提供しているのであれば、「友達30人に御社のサービスのアンケートを採ってきました」といったことでも構わないのです。

助けたい、応援したい、この人のために時間を使ってあげたいと思わせることは簡単ではありません。そう思わせるには、こちらからもなんらかの思いやりが必要で、それが「おもてなし」というわけです。

与えられっぱなしではいけません。相手のために尽くしたいという気持ちを持ち、それを伝えることができてこそ、これから先も力を借り続けることができるのです。

3▼▼▼ よき相談相手は検索エンジンに勝る

困った時にすぐ上司に相談できるかどうか。これも「借りる力」の一種なのですが、僕の経験上、上司にタイムリーに相談しているビジネスパーソンはそれほど多くありません。かつて所属していた会社の上司も、「岩瀬ほど頻繁に相談に来るヤツはいない」と言っていました。皆さん、もっと積極的に相談して仕事を進めるべきだと思います。

ただし、相談するにも作法があります。次の3つの点に気をつけてください。

1つ目は、自分で調べられることは済ませておくこと。相手も忙しいので、相談に応じられる時間は限られています。ネットなどで調べられることは調べておいて、どうしても分からないことを絞り込んでおきましょう。とりあえず聞いてみようという姿勢では、ラクをしたいだけ、と思われても仕方がありません。まずは分からないこと、相談したいことの要点を紙に書き出して、相談しに行く際にはそれを持参しましょう。相手もそのメモを見ながらのほうが答えを整理しやすいはずです。

2つ目は、周囲の人の「強み」を把握しておくこと。会社にはさまざまなスペシャリストがいます。ライフネット生命のような会社なら、他社の保険商品に精通する人や、マーケティングに詳しい人などがいます。同じマーケティング専門家の中にも、トレンドに詳しい人や広告の言葉選びのセンスに長《た》けた人など、それぞれに得意分野があります。仲間の長所を把握しておけば、困った時に誰に聞けばいいかがすぐ分かります。ネットでは情報を大量に取得できますが、その分野に詳しくないと何が重要な情報なのか判断できません。周囲の人の「強み」を把握しておくことは、良質な検索エンジンを手に入れたようなものなのです。

3つ目は、自分の「強み」と「弱み」を知っておくこと。何でもかんでも他人の言う通りに進めていると必ずどこかで失敗します。自分のほうが得意だと思うことに関しては、相手に譲歩《じょうほ》する必要はありません。自分ができない仕事を理解して、頼るべきところは頼るという考えでいることが大切です。

この3つのことが分かっていれば、相談するタイミング、相手を間違えることもないと思います。

4 ▼▼▼ 仕事は野球のチームと同じだ

仕事がデキる人ほど、抱えてしまいがちないらだちがあります。

それは、自分ができて当たり前のことを、他人ができない時に感じる不満です。

「自分ならもっと早くできるのに」

「自分ならもっと上手にできるのに」

「こんなことなら最初から全部自分でやったほうがよかった」

こういった不満が、やがて「なんでアイツと同じ給料なんだ」という、さらに根深い不満につながることもあります。

でもよく考えてみてください。

よほど特殊な職種でない限り、仕事は1人でするものではなく、チームでするものです。チームでの成果を長期的に上げていくには、今いる人材をフルに活用する必要があります。そうしなければ、一部の人の負担が増えるばかりです。自分の負担だって増えます。

野球でいえば、全員がホームランバッターというチームはありません。足が速い選手、バントが上手な選手、守備が得意な選手などがいて、いろいろな個性がチームを支えています。レギュラー選手だけでなく、代打要員、リリーフピッチャーにもそれぞれ重要な役割が与えられています。

マンガでいえば、古いところでは『サイボーグ００９』、最近のものでは『ワンピース』のように、主人公は１人ではなく、いろいろな個性を持つ仲間に支えられています。そこに無駄なキャラクターは１人もいません。必ず何かの役に立っているはずです。

ある仕事が得意でない人が１人いるからといって、その人に腹を立てているだけでは、何もいいことはありません。会社から与えられた資源を無駄にしているようなものです。個々の能力が違うのは当然で、その中でチームのパフォーマンスを上げていく力が、仕事では求められているのです。

能力のでこぼこに不満を言うのではなく、完璧な人間はいない、自分にも欠点はある、ということを意識しながら、その人の個性を尊重して能力を引き出すようにしましょう。

いろいろな個性の人間がお互いに助け合いながら仕事を進めていけば、チームの結束力が強まり、きっといいものをつくれるはずです。

会社も人材を採用する際にはバランスを見ています。企業という集団は、画一的な人間の集まりではないということを覚えておいてください。自分と仲間の能力が同じということはなく、それぞれに異なる役割があるということを認識していれば、ストレスが溜《た》まることはなくなるでしょう。

入社10年目になると、仕事がデキる人間には、できない人をフォローしながら育てていくということも期待されています。そのようにして会社の人材が強化されていくのです。それにどんなに能力のある人でも、人の上に立つような仕事をすればするほど、自分１人で仕事はできないのだということに気づくはずです。その時のためにも、日ごろからチームプレーというものを心がけておきましょう。

5 ベテランの力を上手に借りて仕事をせよ

２０００年代のＩＴバブル時代、若い経営者のベンチャー企業が次々に誕生しました。それを見て思っていたことがあります。社会を変革する骨太な企業を創っていくのに、果たして20代・30代の若い人たちだけでいいのだろうか、と。

たしかに若い人から見れば、ベテラン世代へのネガティブイメージは少なからずあります。口うるさい、パソコンが苦手、周りに気を遣わない、考え方が古い、などなど。そんなことなら年長者たちは抜きにして、自分たちだけのほうが好きなことができる。そういった考えで起業することは、決して悪いことではないのかもしれません。

会社の中でも、若い人は年の離れた先輩とあまり仕事をしたがりません。配置はほぼ強制的に決まるとはいえ、自分のチームのリーダーが年輩の人だと、余計な心配ごとが１つ増えたような気になる人もいると思います。

しかし、ベテラン世代と若い世代は、本当に水と油なのでしょうか。

サッカーや野球など、さまざまなチームスポーツの歴史を振り返ると、強いチームというのはベテランと若手がみごとに一体となっています。やはりチームとして大きな目標を達成するには、若い人材だけでは経験が不足することがあります。他方、ベテランだけではエネルギーが足りません。両者が対立するのではなく、お互いのいいところを引き出し合うことで、歯車が噛み合ってチームは前進します。

いい雰囲気のチームでプレーする選手が活き活きとしているように、僕たちビジネスパーソンだって、いい雰囲気の中でこそ活き活きと働くことができます。

だから僕は**若手の皆さんに、積極的にベテランと仕事をすることを勧めたいのです。ベテランの人からはあまり声をかけてこない（かけづらいという人もいる）でしょうから、自分から積極的に声をかけてみてください**。

実は年上の人たちも、若手から声をかけられることは嬉しいのです。タイミングを見て「今度お邪魔でなければ一緒に客先に連れて行ってくれませんか」「新しいプロジェクトを立ち上げるのですが、参加してくれませんか」と言ってみるのです。

大先輩と働くことで得ることはたくさんあります。彼らの技を盗むこともできるし、一緒に行動しているうちに社会常識が身につくこともあります。普通なら会えない人に会えることもあります。

僕が10年ほど前にリップルウッドという投資ファンドに勤めていたころ、ＣＥＯのティム・コリンズが日産自動車のカルロス・ゴーン社長兼ＣＥＯに会いに行くというので、「連れて行ってほしい」とお願いしたことがあります。彼はすんなりＯＫしてくれました。20代で大企業の社長に会う機会は、なかなかありません。僕もそれまで、ゴーン社長のことはインタビューで見る姿しか知りませんでした。そんな人がビジネスの現場でどんなことを話すのか興味があったし、実際に彼の立ち振る舞いを間近で見聞きすることができたのは、貴重な経験になりました。

ライフネット生命保険の立ち上げも、「はじめに」で書きましたが、保険業界の大ベテラン、出口治明と一緒でした。

今でこそ１００人近い従業員が働いていますが、まだ赤坂の小さな共同オフィスでライフネット生命の設立準備会社をしていたころは、僕と出口の２人だけ。傍から見ると不思議な光景だったに違いありません。２人の年齢差は30歳近くもあるのです。この時出口は僕に保険業界のことを教え、僕は出口にインターネットビジネスの潮流を教え、お互いに足りないものを補完し合いながら、生命保険会社設立に向かっていました。

父親と同じ年代の出口と働くことに最初は戸惑いもありました。でも一緒に働いてみると、これが意外に楽しい。読書家の出口から処世訓を教わることもあれば、カラオケで「こんな曲歌うの？」と驚かされることもありました。

出口も僕と出会ってからは若い世代との交流が増え、いろいろな刺激を受けているようです。そんな出口を見て、僕も将来、60歳くらいになったら30代の人たちと、無謀だといえるベンチャー企業を始めてみたいと思うようになりました。

出口とのコンビは、起業するうえでのメリットも大いにありました。僕がどれだけ若くてエネルギーがあったところで、1人で生命保険会社を立ち上げることなどできません。若い僕の横で、保険業界でその名を知られる大ベテランの出口がどっしりと構えていたからこそ、スポンサーの信頼を勝ち得たのです。

若い人間だけではきっと、信用力が足りないと思われたでしょう。昨今の若手ベンチャーが世間の信用を得るのに苦労しているのも、経営陣にベテランが不在だからではないかと思います。

若手だけでは世間から信用されにくいし、年輩者だけでは新しいことを始める気がなかなか起こらない。僕は今後、**若手とベテランがタッグを組んだ、さまざまなベンチャーが出てきてほしい**と願っています。

ライフネット生命はそのモデルの1つとして、可能性が試されているともいえます。世代を超えた協力態勢が社会全体に広がれば、世代間格差の問題を抱える日本社会にとっても、きっとよい効果をもたらすと思うのです。

6▼▼▼ 会社の飲み会に出なくても、チームワークは高められる

上司や同僚に飲み会に誘われて、「今日は行きたくないな」と思いつつ、うまく断れずに仕方なく付いていく。

「家に帰ってやりたいことがあったのに」

「ゆっくりと体を休めたかったのに」

こんなふうに後悔したことはありませんか？

たしかに職場での人間関係を考えると、飲み会に出たほうがいい場面もあります。でも本当に行きたくないのなら、**はっきりと断ることもビジネスパーソンとしての技量の1つ**だと思います。

付き合いが悪いと思われないか心配になるかもしれませんが、気にすることはありません。それよりも自分の主張を言えることのほうが大事です。それに、今どき飲み会に来な

かったくらいで、どうこう言われる時代でもないでしょう。

社内コミュニケーションの手段はいろいろあります。朝の挨拶から始まり、仕事の打ち合わせや相談、ランチやコーヒー休憩を一緒にとることなども、立派なコミュニケーションです。

飲み会もその1つなので、「行く必要がない」と言っているのではありません。自分にとって有益な飲み会、楽しいと思える飲み会には参加するべきでしょう。

大事なのは「向かい合う」ことなので、それが居酒屋でも喫茶店でも会議室でも、場所はどこでもいいということなのです。

もちろん仕事をするうえでチームワークは大切にするべきです。仲間が「どうしても来てほしい」という飲み会には、一次会くらいは出たほうがいいかもしれません。ただ、チームワークと飲み会というのは、本質的には関係ないものです。どうしても出たくないというのであれば欠席しても構わないと思います。

飲み会とは別の場面でチームに貢献すればいいのです。**打ち合わせに遅れない、分かりやすい資料をつくる、誰かのフォローをする**。こういったことのほうが、飲み会に出ることよりも確実に信頼関係に直結します。

飲み会の時間も自分の時間も大事にしたいという人には、こんな方法もあります。

三井物産戦略研究所会長などを務める寺島実郎《てらしまじつろう》さんは、社会人になりたてのころから、飲む時はあらかじめ「9時に帰る」と宣言していたそうです。そのように言っておけば、「寺島は9時で帰るんだな」ということが周囲の人間に認知されるので、無理に引き止められることもありません。帰るほうとしても席を立ちやすいでしょう。寺島さんはそのようにして早く家に帰り、深夜1時までを読書の時間にあてていたのだそうです。

僕も飲み会は基本的に毎回一次会で帰るようにしています。忘年会でも一次会は目一杯騒いで、パッと帰ります。ちなみに、多くの経営者がやっているゴルフもしません。だからといって社内外の人たちとコミュニケーションが取れていないということはありません。

みんなが金太郎飴のように同じ考えを持つことを求められる時代ではありません。飲み会に行きたくないなら胸を張って、「今日は帰ります」と言いましょう。

7▼▼▼ 人脈は、好きな人を大切にすることで広がる

僕は「人脈」という言葉が好きではありません。その言葉にどこか戦略的な響きを感じるからです。「この人は自分の役に立つから仲良くしておこう」とか、「いつか仕事でお世話になるかもしれないから仲良くしておこう」といった考えをすべて否定するわけではありませんが、僕はあまりそういうことが好きではない、というだけです。「人脈を広げよう」と意識したこともありません。損得勘定で成立する付き合いは長く続かないと思うからです。

誰しも多くの人に支えられて生きていることは確かですし、知り合いだって多いほうがいいと思うでしょう。僕だって、友達はたくさんいるほうだと思っています。

そこで僕なりの「人脈術」をいうならば、好きな人をとことん大切にするということでしょうか。**自分の仕事に役立つ人だろうと、そうでない人だろうと、好きな人と徹底的に**

付き合うようにするのです。結果としてそのほうが、仲のいい友人は確実に増えるでしょう。そういう人たちは、損得勘定抜きで自分を助けてくれます。そして自分も、相手が困っていたら助けてあげたいという気持ちになります。そうしてさらに絆が深まるのです。

では、どうすれば好きな人を見つけられるのか。

それはもう、外に出て、多くの人に会うこと以外にありません。知人に面白そうな人を紹介してもらったり、営業も兼ねていろいろな企業を訪問してみたり、新しい出会いの場を自分でつくるのです。

僕は行ったことがないのですが、異業種交流会もそういった場所の1つになるかもしれません。ただそういう場に行っても、あまり人脈づくりということは意識せず、その人の肩書きなどよりも友人関係が楽しく築けそうかどうかで、付き合いの距離を決めたほうがいいかもしれません。

実はライフネット生命の採用活動も、「社員のみんなとうまくやっていけそうか」で決めています。もちろんその人の能力を見極めることが第一ですが、最終的には**「この人と一緒に仕事をしたら楽しいだろうな」**と感じられることが大切なポイントになります。詳しくは『ネットで生保を売ろう!』(文藝春秋)にも書きましたが、ライフネット生命のホームページを見て応募してきた人だけでなく、僕が直接声をかけた古くからの友人も何人かいます。

その中の1人に、常務取締役を務める中田華寿子《かずこ》という40代の女性がいます。彼女はブランドマーケティングの専門家で、それまで外資系広告代理店、スターバックスコーヒージャパン、英会話スクールのGABAで活躍していました。誰が見ても華麗な経歴ですが、バリバリのキャリアウーマンといった印象はなく、とても穏やかで、柔らかく包み込むような雰囲気のある素敵な女性です。僕はモナリザのような人だと思っています。

彼女を紹介してくれたのは、ハーバードの先輩でもあるGABAの青野仲達《ちゆうたつ》社長（当時）でした。「うちにスゴ腕の女性がいるんだ」と言うので会ってみたのが始まりで、その後も何度かマーケティングについてのアドバイスをもらいに彼女のもとに通うようになりました。僕はそのたびにノートにびっしりメモを取りながら、「こんな人がうちにもいてくれたらな」と思うようになりました。

しかし彼女は僕の先輩の右腕。親友から恋人を奪うような真似はとてもできません。ところがある日、一緒に食事をとっている時に、彼女がふと「会社を辞めることにしました」と口にしたのです。次の行き先も決まっていないという彼女は、こんなことを言いました。

「1つだけ決めていることがあるんです。次に働く会社も、ロゴがラッキーカラーの緑のところにするって」

実はその時、ライフネット生命のロゴマークは決まったばかりで、中田はもちろん、まだ社外の誰にも見せていませんでした。僕は思わず鞄の中から会社のロゴマークを取り出し、「実はうちも緑になったんです」と言い、一緒に働いてほしいと彼女を誘いました。

中田の入社は偶然決まったかのように思われるところですが、彼女は「初めて岩瀬さんと会った時から、〝あ、この人といつか仕事をするだろうな〟って直感していた」と言います。会うべき人はこうしていつか、人生の交差点で合流することが決まっているものなのかもしれません。

もし仮に僕が「この人は役に立つだろうな」と戦略的に中田と仲良くなろうとしていたら、彼女も間違いなくそのことに気づいたはずです。会社を辞めるということも、次も緑のロゴの会社に決めているということも、僕には打ち明けなかったでしょう。それ以前に、マーケティングのことを無償でアドバイスしてくれるようなこともなかったと思います。

これは一例に過ぎませんが、僕の人間関係はいつもこのように成り立っています。だから僕が付き合うのは、損得勘定を抜きにして、心の底から「好きだ」と感じる人だけです。これはとても幸せなことだと思います。

「人脈を広げよう」と意識するのではなく、ごく自然に、「自分が好きな人」と付き合うことが、自分も相手もハッピーになれる「人脈術」だと思うのです。

8 ▼▼▼ 1つの真実、1つの正解があるわけではない

「なんであの人、いつも私ばかりに当たってくるんだろう」

理不尽な人に遭遇して、つらい経験をしたことのある人は結構いると思います。いったい何がそんなに気に入らないのか、自分ばかりを狙って攻撃してくる社内の天敵。そこまで怒ることかというくらいに怒りをぶつけてきたり、時には理不尽なことでクレームをつけてくることも……。嫉妬しているのか、それともただの分からず屋なのか。こういう人に一度目をつけられると大変です。我慢するしか対処法はないのでしょうか。

僕はそういう**理不尽な人を見た時に、「なんだ、理不尽だな」と思わない**ようにしています。**相手の立場に立ってみて、「なんでこの人はこういうことを言うんだろう」と考える**ようにしています。

すると、彼らには彼らなりの「正しい」理由があることが分かります。こちらが正しく

て向こうが正しくないという話ではなく、どちらも正しいのです。人にはそれぞれ立場があるので、見え方が違っているに過ぎません。

僕は副社長という立場なので、会社組織内部のいろいろなクレームを吸い上げるという役目もあります。

上司「○○がなかなか理解してくれません」

部下「△△さんが僕の意見を聞いてくれないんです」

このように、上司と部下の両方からクレームが来ることもあります。相手の立場が分からない人には、どちらか一方の主張が誤っていると感じられるかもしれません。でも両方の言い分を聞いてそれぞれの立場を理解すると、どちらの言っていることも正しくて、ちゃんとした理由があることが分かります。どちらかが理不尽、というわけではありません。

ハーバードＭＢＡの教材で、面白いテーマを扱っていたので紹介したいと思います。

黒人の部下と白人の上司の物語です。授業では最初に、黒人の部下の言い分が手渡されます。

「あの金髪の女上司が来てから、俺は嫌な目に遭っている。俺が黒人だから、マイノリティ相手の営業しかできないと思ってやがる。だから俺をヒスパニック市場の担当にした。しかもすごい量の仕事を振ってくる。明らかに差別だ。こんな会社、もう辞めてやる」

これだけ聞くと、ひどい上司としか思えません。続いて上司の独白が明かされます。

「彼にはとても期待している。将来的には大規模なマーケットも任せたい。そのための実績づくりの場として、まずは彼にヒスパニック市場を担当してもらおう。仕事の量も負荷をかけたほうが彼も伸びるだろう。今から彼の将来が楽しみだ」

上司は上司で、部下のことを思って「正しい」と思ったことをやっているということが分かるかと思います。相手の立場を理解していないがために、このようなすれ違いが起こるのです。

世の中には、1つの真実、1つの正解があるわけではないということです。誰しもそれなりの知性と経験をもっているわけで、その考えや判断が100%間違っているということはほとんどありません。どちらも一方の立場から見れば、正しいのです。相手の世界観、置かれている状況、持っている知識などを考慮して、「この人なりにこう考えて言ったことなんだな」といったところまで想像するようにしてみてください。寛容さを持ち、相手に歩み寄ることができるようになるはずです。

9 ▼▼▼ 相手を好きになれば、相手も自分を好きになる

誰しも人からは嫌われたくないものです。それでも人間にはどうしても好き嫌いというものがあるので、会社で誰かしらから嫌われていると感じている人は少なくないでしょう。そんな状況では働いていても楽しくないし、余計なことに気を取られて仕事に集中できないということも起こりえます。

しかし、1人でも多くの人に嫌われないようにする秘訣があります。それは「相手のことを好きになる」ことです。

人間というのは面白いことに、自分を認めてくれる人のことを絶対に嫌いになりません。あなたも自分のことを褒められると、嬉しい気持ちになるでしょう。

「その話、すごく面白いですね」

「さすが○○さんだ」

このように言われて、嫌な気分になる人はいません。無理におべっかを使えと言っているのではありません。**相手の話を真剣に聞いていれば、その人のいいところの1つや2つ、簡単に見つかる**はずです。そうしたいいところを見つけて相手のことを好きになる力（＝惚《ほ》れ力）が、ビジネススキルとして有効になるのです。

僕を含め、ブログやツイッターなどで頻繁に意見を発信している人間は、他者から批判されるようなことがよくあります。中には喧嘩腰で攻撃してくる人もいます。でも**僕はそんな時に、相手が会える人なら直接会いに行く**ようにしています。そして自分の主張を話して、相手の主張も聞いてみる。その中で相手のいいところを見つけて好きになっていくと、僕のことを大嫌いなのかというくらい攻撃してきた人も、「話せば分かるじゃないか」「意外としっかりとした考えを持っているんだね」と言ってくれて、以後は好意をもって接してくれるようになるのです。中には分かってくれない人もいますが、それはもう本当にごくわずかなケースです。

自分が相手を好きになれば、相手も自分のことを好きになる――。

この理屈を逆に考えて、もし今あなたを嫌っている人がいるならば、自分にこう問いかけてみてください。

自分が嫌われているのは、自分が相手を嫌っているからではないか――。

あなたが相手のことを嫌っていると、そのことを言葉に出さなくても、顔や態度に必ず表れるので、相手は本能的に嫌われていることを察知してしまいます。だから嫌われていると感じても決してその人を嫌いにならず、好きになる力を身につけてください。

相手のことを好きになれば、相手もあなたのことを認めようという姿勢で接するようになるはずです。

10▼▼▼ 仕事をスムーズに進めるためには、これでもかというほど情報公開を

社会人の常識、「ほうれんそう」。報告・連絡・相談はたしかに大事なことですが、耳にたこができるほど押し付けてくる上司というのは、部下の側からすると面倒なものです。またそういう人に限って、「ちゃんと報告しろ」「連絡くらいしろ」とは言うのに、「いつでも相談しに来いよ」とはなかなか言ってくれません。いちいち細かいことまで報告を要求され、報告することが業務の一定部分を占めてしまうと、上司への報告のために仕事をしているような気にもなってしまうでしょう。

入社10年目になると、自分の仕事を多く抱え、時には、後輩の相談にのるなど、時間に追われている人もいると思います。その上、上司への「ほうれんそう」が加わると、手元の仕事に集中することができなくなってしまいます。

これはもう、その上司のスタイルだと思って諦めるか、「これって仕事じゃないです

よ」とはっきり言ってしまうしかありません。「ほうれんそう」をどこまで要求してくるのかは、その部下をどこまで信用しているかということでもあるので、一概にいいか悪いかを決め付けることはできないのです。

ただ僕は、どうせならこの**「ほうれんそう」を、自分の都合のいいように利用してしまえばいいと思います。**

自分が見たことや聞いたこと、今やっていることなどを、上司・部下にかかわらずどんどん情報公開して、周りに知ってもらうのです。

「客先の○○さんが今日こんなことを言っていた」（情報を共有したいというサイン）
「今こんなことで困っている」（助けてほしいというサイン）
「今度こんなことをやろうと思っている」（アイデア募集中というサイン）

こういった情報を常に出しておくのです。するとそれがヘルプのサインにもなるので、どこからともなく、「こうやったらどうだ」「いい人を紹介するよ」と助け舟を出してくれる人が現れます。**面倒と思っていた「報告」も、情報やアイデアを引き寄せるためのツー**

ルとして活用できるというわけです。

ビジネスをするうえで、情報公開はとても重要なことです。隠し事がないから、相手は自分を信用してくれます。それは上司とあなたとの間の話だけではなく、部下との関係、客先との関係など、幅広くいえます。

情報を出しすぎてアイデアを盗まれたり、上司に注意される回数も増えたりと、デメリットはたしかに存在しますが、よほど優れたアイデア、機密情報以外はどんどん公開したほうがいいでしょう。

「ほうれんそう」を口うるさく言っていた上司も、そのうち何も言わなくなると思います。あなたの信用度が上がれば、上司もそれを求めなくなるからです。

11▼▼▼ 会話が続かないのは、話下手だからではない

パーティやイベントなどの場で、初対面の人と話が続かず沈黙の時間ができてしまうと、居心地の悪さを感じてしまうものです。せっかく時間とお金を使っているのに、「来なければよかった」というのではもったいないでしょう。中にはそういう場所に仕事上、顔を出さなくてはならないこともあるので、人見知りな人にとって、うまく話ができないというのは結構深刻な悩みではないかと思います。

実は僕も、初対面の人と話をするのが決して得意なほうではありません。それでも人から「話が上手ですね」と褒められることがあります。それはなぜなのか。よくよく考えてみると、僕には無意識のうちに気をつけていることが３つありました。

1つ目は、相手との共通の話題を見つけること。

簡単なのは地域の話です。例えば相手が大阪出身の人だとしたら、大阪の話をする。自

分も行ったことがあれば、大阪のどのあたりに行ったとか、何を食べたとか、そんな話ができます。それだけで互いに親近感を持って話すことができます。行ったことがなくても、お勧めの場所や食べ物など聞いてみると、向こうもいろいろと教えてくれると思います。

趣味や資格の話でもいいでしょう。以前、会話中に「私、ティーコーディネーターの資格を持っているんです」と教えてくれた方がいました。僕は紅茶を飲む習慣のあるイギリスに住んでいたので、たまたま共通接点として紅茶の話ができましたが、そうでなくても「ティーコーディネーターって何？」と思いますよね。素人目線で「それって何ですか？」と聞いてみればいいのです。

同世代だから分かる話、業界話など、探せば共通点は必ず見つかるはずです。話し上手な人をよく見ていると、彼らは常に、相手との共通点をできるだけたくさん探そうと努力しているということが分かります。

2つ目は、質問をしながら相手の思っていることを聞き出す。

会話を続ける方法としてはもっとも簡単なやり方です。

例えば相手から名刺をもらったとします。名刺は質問ネタの宝庫です。「これ、どういう会社ですか？」「何年くらいお勤めですか？」「最寄り駅はどこですか？」などといろいろな質問ができます。

名刺に書かれていないことでも、「お仕事忙しいですか？」「その業界はどういうふうになっているんですか？」「今売れている商品って何ですか？」と聞いていれば、会話は結構続くものです。

３つ目は、自分自身について話すこと。

あまり自分の話ばかりしていると嫌われてしまいますが、相手の話だけ聞いて終わるのも不自然です。どこかで自分という人間がどんな人間なのか、しっかりと見せておきましょう。

話す内容は何でもよいのです。「私の会社はこういうものをつくっているんです」とか、「私もそこに行ったことがあるんです」といったことからでも、会話を弾ませることができます。

業種が限定された集まりだったら、それに見合ったトピックで会話がされるので、その中で自分の意見を述べてもいいでしょう。

例えば最近は、英語を公用語とする会社がよく取り上げられています。会話の流れでその話になったら、「面白い取り組みだけど社員の人たちはどう思ってるんですかね」「自分の会社が急にそうなったらどうだろうか」というように、大それた問題意識がなくても身近な体験に基づく意見は言えると思います。

このように、会話が続くかどうかというのは、その人が話し上手か話し下手かという潜在能力によるのではなく、ちょっとした注意点を分かっているかどうかによります。1つのスキルとして身につけることができるものなので、今、初対面の人とうまく話せないからといって、それを憂える必要はありません。

ここで挙げた3つの原則、

❶共通の話題を見つける
❷質問をしながら相手の思っていることを聞き出す
❸自分自身について話す

話し下手の人でも、このことに気をつけていれば会話は弾むはずです。

12 ▼▼▼ 相手の立場によって伝え方を変える

僕のもとには毎日さまざまな人からメールが届きます。社内だけでなく、企業経営者、学生、友人、ダボス会議（世界経済フォーラム年次総会）で知り合った海外の起業家、出版関係者、など。毎朝出勤するとまず、メールチェックをするのですが、メールをたくさん受け取る立場になって気づいたことがあります。**相手に用件をうまく伝えるには、相手の立場をよく理解する**ことが重要なのだということです。

以前、僕が受け取った学生からのメールに「海外の学生を呼んでイベントをやります」といったものがありました。熱意ある長文を最後まで読んでみたのですが、「応援してください」とはあるものの、結局僕に何をしてほしいのかは分からずじまいでした。ゲストとして来てほしいのか、スポンサーになってほしいのか、最初にはっきりと用件を伝えてから、「詳細は以下の通りなので検討してください」としていれば、意図が伝わりやすかったと思います。

まだ学生なので仕方のない気もしますが、社会人になってもこのようなメールを送ってくる人がたまにいます。それでは問題があるかもしれません。

たいていのビジネスパーソンは忙しく働いているので、一つひとつのメールにそんなに時間をかけられません。用件の分かりにくいメールは読まれずに見過ごされるされる可能性があります。それだけでなく、マイナスイメージを持たれることにもなるので、用件は先に伝えるようにしましょう。

メールに限らず、業務中の会話でも同じです。相手にうまく伝えるには、まずは**相手の立場を理解することから始まります**。

例えば、あるプロジェクトで3回目のミーティングが開かれるとします。その中には今回からミーティングに加わる人もいる。そういった場合に、前回までの流れを振り返らずに開始してしまうと、初めて参加する人たちは話についてこられません。事前にレジュメを配っておき、開始前に前回までの流れを軽く振り返りましょう。自分が進んでいるなら、遅れている相手のために話すレベルを合わせる。このように相手の目線に合わせた対応が不可欠です。

情報や思考がほかの人より進んでいるのに、それを相手に伝えるのが下手な人というのは、相手の目線に合わせるということをしていません。

また経営会議などで部下から上がってくる報告資料にありがちなのですが、相手がプロジェクト内容の詳細を理解し、記憶している前提で書かれた文章には、不親切な印象を受けます。

月に1回しか会社に来ない社外取締役などは、全社経営を大所高所から見ているので、業務の細かいことは分からないし、前回の会議の記憶も曖昧《あいまい》だったりします。

そこで部下が前置きを端折《はしょ》って説明を始めてしまうと、もうその時点から話についてこられない人が出てしまいます。前回の内容を軽くおさらいする必要があるでしょう。

経営会議では何も知らない人にも理解できるように説明するくらいでちょうどいいのです。実務レベルの細かい報告は不要で、大きな流れの報告だけあれば十分です。

このようにメッセージを伝えるには、その相手によって伝え方を変えなければなりません。例えば僕は、一般社員に話す時と部長クラスに話す時では伝え方を変えているし、社外の人と話す時も伝え方を変えています。マスコミ向けに話す時、金融系の人向けに話す時も、その人たちの知識や興味関心に合った伝え方をしています。

相手の理解レベルに合わせる、というと少し語弊《ごへい》があるかもしれませんが、こういったことは実は皆さんも普段やっていることです。例えば、子供に説明する時、お年寄りに説明する時などは、言い方を変えますよね。**相手の顔を見て、その人が自分とどこまで前提情報を共有できているか、そこを理解したうえで話をするのが上手な伝え方だと思います。**

普段の生活ではできているのに、仕事になると丁寧なコミュニケーションができない人が結構います。自分の言いたいことだけを言っていないか、相手のことをきちんと考えているか、立ち止まってチェックしてみてください。

13 ▼▼▼
9割は「いい人」。意見の対立は立場の違いから生まれる

会社組織の中にいると、部署間の摩擦というものが常に付きまといます。本来は力を合わせて同じ目標に向かっていく仲間であるのに、縄張り意識のようなものが優先されたり、悪いケースだと足の引っ張り合いになってしまうことも。

そうならないよう調整に動く立場にある人にとっては、他部署との人間関係にも気を遣わなければなりません。上下の調整役だけでなく、横の調整役も務めるというのは、決して容易ではありません。

入社10年目にもなると、そうした部署間の調整役を任されることもあるでしょう。

少し話が逸《そ》れますが、外資系企業で働いている人から「多国籍のチームをマネジメントする立場にあるけれど、どうすればうまくまとめられますか？」という質問をされたことがあります。

最近は企業もグローバル化してきているので、メンバーの中にアメリカ人や中国人、フランス人やブラジル人がいる、といった企業も増えてくると思います。この問いに対して、僕はこう返しました。

「メンバーをまとめることは日本人同士でも簡単ではないので、国籍の違いは本質的な問題ではないのでは」

同じ日本人であっても、育った地域、出身大学、親の教育などによって、人それぞれ価値観が異なります。中途入社の多い会社では、社会人としてのバックグラウンドも異なります。

日本人だけのチームだろうと、多国籍のチームだろうと、大事なのはいろいろな人と良好な関係を構築できるかどうかということです。同じ国籍同士でも気の合わない人はいるし、そもそもいろいろな個性の人間をまとめていくことがマネジメントなのですから、国籍がどうこうということは問題にはなりません。

部署間の話もこれと同じです。「他部署は自分たちのやっていることをきちんと理解してくれないし、相手のことも理解できない」で、議論が平行線に止まっていてはいけません。

例えばライフネット生命には普通の企業と同じように、システム部門とユーザー部門が存在します。

ユーザー部からは「こういうシステムをつくってほしい」という要求があり、それをシステム部が開発するわけですが、相手の考えや世界の見え方をきちんと考慮していないと仕事がうまく進まなくなります。ユーザー部からは「なかなか思い通りのものが出てこないな」といった意見が、システム部からは「少しはシステム部の状況にも配慮してもらえないか」といった声が出てくることも考えられます。

でもここで最初にとるべき行動は、相手を論破して自分たちの言い分を通すことではありません。**相手がかけている眼鏡を自分がかけてみて、世界がどう見えるか想像してみる**のです。逆の立場に立ってみると、お互いがいかに大変かということが分かり、対立は減るはずです。

対立がエスカレートすると、そのうち相手を攻撃する人まで出てきます。

しかし本当に「悪い人」というのは案外少ないものです。

性善説に立つ僕の私見としては、だいたい9割の人は「いい人」だと思います。1割くらいはそこまで心優しいわけではないかもしれませんが、「対立する部署の9割は実はいい人」と考えれば、話せば仲良くなれるだろうと思えてくるでしょうし、実際、仲良くなれるはずです。

でも9割がいい人なのに、なぜうまくいかないことが多いのか。それは立場の違い、視点の違いからくる誤解があるからです。だからこそ、相手の立場に立つことが大切なのです。

僕は自分と意見の違う人を見ても、「なんだ、分からず屋だな」とは思いません。**「あれ、この人自分と見え方が違う。どうして?」と考える癖がついている**のです。それはなぜかと考えると、やはりルーツにある立場がその人と自分とは異なるのだということに気がつきます。

人の知性には大きな差はないので、同じ立場であれば、みんな似たような答えにたどり着くはずです。そうならないのは、価値観、利益、短期・長期、定性的・定量的なものの見方など、どこかでその人と対立軸があるためです。

すべての判断の前提となる考え方の違いは、どうしようもないことです。歩み寄るしかありません。

意見が合わない時は、相手が間違っていると思わずに、相手と自分はどこから考えが違っているのかと考えて、相手のことを理解することが大事なのではないかと思います。そうすると、相手の言うことも間違ってはいないということが分かるでしょう。

相手の言いなりになれというのではありません。「自分たちの主張はこうだ」ということも伝え、ではどうすればお互いの利益となるのか、そこから議論を始めるということです。相手を理解していなければ、それすらもできません。

chapter2

勉強が嫌いな人でも人生の「学び」なら楽しめる

▶特別な才能がなくてもデキるようになる。
ビジネススキルを高めるための心構え

SKILL-UP

14 社会人になってからの「学び」は成長に直結する

昔ほどではないにせよ、学歴が企業や社会で話題となることは少なくありません。たしかに学歴は、その人の能力を測る物差しとして、日本社会で長い間機能してきました。

しかし現在は、そうした価値観はすでに古いものとなっています。学歴が必ずしも有効な物差しではないということに多くの人が気づいていますし、履歴書に出身校を書かせない企業もあるようです。

勉強ができることと仕事ができることは、基本的には関係ありません。仕事にもよるのでまったく関係ないとまではいえませんが、少なくとも人間としての魅力という意味では、学歴はまったく関係ありません。ややもすれば、学歴の高い人ほど人間的な魅力に欠けているといわれることもあります。

たしかに一部の大手企業には、学歴偏重主義の名残がいまだに根強くあります。でもそうした企業も、いずれは体質改善をしなければならない時が来るでしょう。

大事なのは、自分に自信を持てる何かがあるか、全力で素敵な生き方をしているか、ということだと思います。

いい学歴があっても、「青い鳥症候群」で人生に悩んでいる人だってたくさんいます。名門高校を出ても大学に行かず、夢を追ってバーテンダーになった人だっています。ひと昔前なら「もったいない」と思う人がほとんどだったでしょうが、今のように幸せの定義が多様化してきている時代の中では、むしろ「うらやましい」と思う人のほうが多いのではないでしょうか。

大学はたったの4年間。高校と合わせても7年しかありません。それに比べて社会人としてさまざまなことを学ぶ期間は30年以上もあります。その間にどれだけ人間として成長できるかが、あなたの人生を幸せにするかどうかの鍵を握っているといえます。

実は僕も、昔から暗記など日本の学校の勉強は嫌いでした。でも「学ぶ」ことに関しては好きでした。本から学ぶこと、映画から学ぶこと、身近な人間から学ぶこと。そこで得られる新しい知識や価値観は、学校で学ぶものよりも自分の成長に直結するし、自分の好きなものだけ選んで取り入れればいいからです。

僕のように、**学校の授業が嫌いでも「学び」が好きな人は結構いるように思います**。いわゆる「学歴」とは関係なく貪欲に多くの知識を吸収して、その分野では誰にも負けない知識を持っている人も数多くいます。**ビジネスで必要なのは、与えられた教科書の内容をマスターすることではなく、自分でテーマを見つけて、どんどん学び、実行に移していく行動力です**。学びの好きな人は年齢に関係なく成長していきます。

学びは人生を豊かにする。そのように思います。

15 ▼▼▼ 目標とすべきロールモデルを見つけよ

最近、自分が目標とする存在、いわゆるロールモデルの必要性を説く人が増えています。

僕も基本的には同意見なので、20代・30代のビジネスパーソン向けの講演をする時などに、「目標となる人を見つけましょう」とアドバイスすることがあります。

これに対しては、多くの人から次のように相談されます。

「ロールモデルが見つからないんですけど、どうすればよいですか?」

たしかに、自分が目指したいと思う存在が見つかるかどうかは、運に大きく左右されます。人と人との出会いが運命である以上、これは仕方のないことです。でも皆さん、対象となる人物を探す範囲を、自分で勝手に狭めてはいませんか?

ロールモデルは必ずしも自分と同じ会社の中で探す必要はないのです。社外の人、もっといえば、異業種の人でもよいのです。

目標となる人物というと完璧な人を思い浮かべるかもしれませんが、そんな人は地球上くまなく探してもどこにもいません。**「この人こそロールモデルにぴったりだ」と100%当てはまらなくても、突出した部分を見て「この部分は見習いたい」と思うことができれば、立派なロールモデルとなりうるのです。**

僕が新卒でボストン・コンサルティング・グループに入社するころも、ある先輩を参考にするところから始まりました。

その先輩は僕と同じ帰国子女で、東大法学部出身。なんとなく親近感があったうえに、彼は当時の僕がまだチャレンジしていないことをやっていました。作家の村上龍さんが発行するメールマガジンに、よく寄稿していたのです。

僕は今でこそブログや書籍などいろいろな媒体で執筆していますが、当時は文章を書く機会がほとんどなかったので、「いつか自分もあんなふうに、社会問題について自分の考えを書けるようになりたい」と、その先輩に憧れを抱いていました。先輩はボストン・コンサルティング・グループを退職後、大手弁護士事務所で働き、政治の世界にも挑戦しました。最初は「文章を書ける先輩」という点を見習っていたのですが、そのうち彼のチャレンジ精神も見習うようになり、日常の細かい習慣などもどんどん吸収するようになりました。

「自分はこういうふうになりたい」というのがロールモデルです。それを基準に考えるならば、有名人を参考にしてもいいでしょう。

近年の「もっとも格好いい日本人」と称される白洲《しらす》次郎。ジーンズを初めて穿《は》いた日本人としても有名です。ちょっとベタでお恥ずかしいのですが、僕はNHKドラマスペシャル『白洲次郎』のDVDを繰り返し鑑賞するほどの白洲ファンの1人です。「白洲次郎になりたい」とまで言うのはおこがましい話ですが、「プリンシプル（信念）を持った生き方をしたい」「言うべきことはビシッと言える男になりたい」と憧れていることには違いありません。彼がマッカーサーとも対等に渡り合い、英語で自分の主義主張を貫いたことから、僕も海外出張などで英語を話す時は、自分の意見をはっきり述べるように心がけています。

僕が白洲次郎をさらに好きになったのは、彼の人生が決して順風満帆ではなく、幾多の困難や挫折とともにあったからです。彼は戦時中、表舞台から消え、何年間も農業に勤《いそ》しんでいた時期がありました。人間誰しも挫折を味わいますが、白洲次郎ほどの人間ですら長い苦難の時期があったのだと知ると、自分が今つらい思いをしていても、頑張ろうという気持ちになることができます。

ロールモデルが真に役に立つのは、こういう時だと思います。この人は困難をどう乗り越えるのか、とじっくり観察していれば、自分の進むべき方向が何となく見えてくるはずです。

そういう意味では**ロールモデルは、多くの人が喩《たと》えるように「人生の羅針盤」ともいえます**。人生の航路で迷った時の道しるべ。それがいつか必要となる時が来るでしょう。

一部の突出した経営者、アーティストにとっては他人を目指す必要などないかもしれませんが、大多数の人は誰かを手本とすることで、たくさんのことを学ぶことができるはずです。その人のことを見習っているうちに、社会人としての常識、細かい仕草や身だしなみも自然に身についてくるでしょう。

16 ▼▼▼ 自分の取締役会を持て。注意してくれる人はだんだんいなくなる

「君、これはこうしたほうが早いんじゃない？」

「あなたのその癖、直したほうがいいと思うよ」

こう言われると、皆さん気分はよくないかもしれません。多かれ少なかれ、自分を否定されているわけですから。でもこういうことを言ってくれる人は、貴重なので大切にしてください。


入社10年目くらいのビジネスパーソンになると、自分を叱ってくれる人が少なくなります。親とも離れて生活し、担任の教師がいるわけでもない。学生時代に自分のことを叱ってくれた先輩や友人も、仕事が忙しくてなかなか会えない。**ふと自分の周りを見てみると、自分のメンター（助言者）というのは少なくなっているということに気づくと思います。**

あなたの周りに、自分の仕事のスタイルに対してフィードバックしてくれる人は何人いるでしょうか。

年齢を重ねて家庭や仕事で忙しくなってくると、他人のことには構っていられなくなるのです。大人になると、互いに気遣ってネガティブな注意はしなくなります。ちょっと間違った方向に進みそうな友人を見ても、いちいち助言することは昔よりも少なくなっているはずです。

そんな中でもわざわざ自分の時間を削って、神経をすり減らして叱ってくれるのは、愛情があるからこそ。叱咤《しった》されたら感謝して「ありがとう」と言えるくらいに受け入れるようにしましょう。

特に僕らのような経営者は、メンターがいないと裸の王様になりかねないので、他人の助言をもらうことに常に注意を払っています。悩んでいること、迷っていることがあれば先輩経営者に会いに行って、アドバイスをもらうようにしています。特に起業したてのころは、足しげく通ったものです。

例えば、こんなことを相談しました。

「自分は睡眠時間を削ってまで働いていない。経営者としてこれでよいのだろうか」

先輩はこう答えました。

「経営者は判断を下すのが仕事だから、十分な休息も取っていつも頭を冴《さ》えた状態にしておくことが不可欠だ。だから今のままでいいんだよ」

僕はそれまで自分1人で考えていたがために、自分の考えが正しいのかそうでないのか、とても不安がありました。でも先輩から助言をもらったおかげで、「ああ、それでいいのか」と安心して前に進むことができました。

メンターはこのように、自分が迷っている時にその道が正しいかどうかを教えてくれたり、自分が間違った方向に進んでいる時にそのことに気づかせてくれたり、自分が何かチャレンジしようとする時に背中を後押ししてくれます。

僕が若い人たちにもよく言っているのは、**「自分の取締役会を持て」**ということです。自分を会社に見立てて、自分のいいところも悪いところも包み隠さず言ってくれる先輩や同僚、友人に助言者になってもらうのです。

先ほども言ったように、**かつて自分が頼りにしていたメンターは気づくと周りにいなくなっているので、「メンターを持とう」とはっきり意識しておくくらいでないといけません。**

メンターは、直属の上司とはまた違います。利害関係のない人に、第三者的立場で正しいか正しくないかを見てもらうことに意味があるのです。だから社内の人間でなくても構いません。

ライフネット生命では、新入社員に対してメンター制度をつくっており、月に一度ミーティングを開催しています。利害関係のない別の部署の先輩に悩みなどを聞いてもらう場をつくることで、**メンターを「仕組み化」しているのです**。皆さんの会社にメンター制度がなければ、提案してみてはいかがでしょうか。

17▼▼▼ 新聞記事はすべてオピニオンだと思うくらいがちょうどいい

今の時代、ネット環境さえあれば誰でも簡単に情報を集めることができますが、その中から何が正しいのかを見極めることは必ずしも容易ではありません。そこで僕は、情報を見極める方法として次のような方法を推奨しています。

1つは自分が信用できる案内人を見つけるということ。ジャーナリストの佐々木俊尚《ささきとしなお》さんが言うところの「キュレーター」を見つけて、その人の言うことを信じるというやり方です。

僕の場合は経済関係のご意見番として何人か決めている人がいて、その人たちの意見を頼りにするようにしています。ただしこれは盲目的に信じるというわけではありません。皆さん、それぞれ主義主張や癖などがあるので、あるテーマで自分と意見が違ったら、別のキュレーターから自分の意見に合う人を探すようにしています。

例えば経済評論家の山崎元《やまさきはじめ》さんも、経済問題に関する鋭い洞察から示唆《しさ》を得ている1人です。彼の投資の話は「なるほど」と思えるところが多く、よく参考にしています。政治経済についても独自の切り口を持っていて面白いのですが、金融政策や増税については僕の考えと一致しないこともあります。その場合は山崎さんの意見でも、「ちょっとこれは自分の考えとは違うな」と判断します。このように意見の大半を参考にしながらも心の中である程度の距離をとっておくことで、情報を鵜呑みにしないように気をつけています。

そしてもう1つ、大事なのは「一次情報を自ら取りに行く」ということです。

新聞記事や雑誌記事などでデータが示されたら、必ずネットで調べてその原点にあたる作業をしています。例えば、記事ではありませんが、ある生命保険会社のパンフレットを見ていた時に、「日本でがん患者が増えている」という図が出てきました。だからがん保険に入ったほうがいい、とその会社は言いたいのですが、僕はその時「ちょっと待てよ」と思いました。

がん患者の数が増えているのは確かです。しかし出生数のデータもあわせて見てみると、高齢化によってがん患者の数が増えているというのがどうやら真実で、高齢化の影響を排除すると日本人ががんになりやすくなったわけではないということが分かります。がん患者数を発表している厚生労働省のウェブサイトを見ると、ちゃんとそうしたデータも紹介されています。

このように、データを示されたら必ず疑って、一次情報を確認するようにしてください。ここではパンフレットを例に挙げましたが、新聞記事や雑誌記事でも、データに基づいた「真実」が必ずしも書かれているというわけではありません。ほとんどの場合は、一時情報を解釈したジャーナリストの極めて主観的な「意見」なのです。書き手の意見を補強するために、どこかからデータを引っ張ってくるのですが、データというのはいろんなマジックを起こすことができるので、自分の目で一次情報を確認する癖が必要になるのです。

僕は『入社1年目の教科書』(ダイヤモンド社)の中で、「新聞は2紙以上、紙で読め」と書きましたが、**新聞は全部バイアスのかかった「意見」だと思って読むようにしています**。政治の記事でも事件の記事でも、役所や企業から出ているプレスリリースのような情報が多く、そこには何かしらの意図があると感じるからです。そんなふうに、**ちょっと斜に構えて情報を見るという姿勢**はとても大事なのではないかと思います。

18 ▼▼▼ 論理的に話すためには、まずは紙に書き出す作業から

ハーバード経営大学院在学中は、自分の考えをロジカルに話すスキルが鍛えられました。授業で発言しないと評価をされないので、僕はとにかく手を挙げ続け、発言の機会を得ていたのです。みんなの前で自分の考えを述べるのですが、ただでさえ自己主張の強い人たちの集まりなので、やわな発言では太刀打ちできません。自分の意見を整理して、ロジカルに話す必要がありました。

これに対して、日本の教育現場は論理的思考を鍛えるような環境ではないので、社会人になってから「どうすればロジカルに話せるのか」「そもそも自分は論理的思考が苦手なのではないか」と悩む人が少なくないようです。ミーティングやプレゼンなどでは、考えを整理して論理的に話すことができないと、相手に簡単に突っ込まれますし、その場でうまく対処することもできません。

論理的に話す力は天性のものだと思われるかもしれませんが、これは日々のトレーニングによってある程度身につくものです。

自分の考えをうまく言葉に変換できないという人は、自分の考えていることをまず紙に書き出してみましょう。**断片的な考えでも、紙の上に並べてみると整理しやすくなります。**自分の言いたいことは何なのか、そのメッセージを浮かび上がらせることができたら、次にそれを文章化してみます。重要なプレゼンなどが控えているのであれば、それを誰かに見てもらうのがよいでしょう。

自分の考えを確認するのにここまでやるのは少し面倒かもしれませんが、これができないのにいきなり話をしようとしても、支離滅裂になってしまいます。相手にメッセージが伝わるはずがありません。僕はライフネット生命を立ち上げる際、出資を募るためにいろいろな企業を相手にプレゼンしましたが、その際には**想定される質問の答えをあらかじめ徹底的に準備して臨んでいました。多岐に亘って想定問答を準備していたことを出資者から感心されたこともあります。**

その場で思いついたことをロジカルに説明するのは難しいかもしれませんが、最初のうちはこのようにしっかりと事前準備をしておけばいいのです。

19▼▼▼
I want to be Don Quixote.
英会話は発音よりもコンテンツ

楽天が社内の公用語を英語としたことが話題になりました。僕は小学校2年生からの5年間をイギリスで過ごしたので、英語に困ることはありません。だから言うわけではありませんが、皆さんも英語を恐れる必要はまったくありません。語学というのは時間さえかければ誰でもできるものなのです。

よくニューヨークなどでタクシーに乗り、運転手と会話をすると、非英語圏から移住したばかりの運転手であっても、なんとか英語を話せるようになっていることに気づきます。お金をかけた教育を受けなくとも、大人になってからでも英語は身につくということです。

語学力の差は、個々の能力や教育によるものではなく、どれだけ言語に時間を使ってきたかによります。僕の母も、高校までしか行っていませんが、父の転勤の関係で海外生活が長かったので、日常生活に不自由がない程度に英語を使えるようにはなっています。日本人に多いのが、「自分は英語の発音が下手だ」というコンプレックスを持っている人たち。

しかし、日本に来ている外国人たちを見てください。彼らは片言の日本語でもしっかりと自分の言いたいことを伝えてきますよね。あんな感じでいいのです。

英語はもはや、イギリス人とアメリカ人だけのものではありません。「地球語」として多くの国で使われる言語になっています。ネイティブよりも、非ネイティブのほうが人口が多いので、英語を使うほとんどの人は発音が下手だと思ってもいいでしょう。

僕はアジア人の集まりに顔を出すことがありますが、中国人も韓国人も台湾人もインドネシア人も皆、英語で会話をしています。みんな下手な英語でも、どんどん話しかけてきます。

最近感心したのは、社長の出口の英語です。出口は40歳を過ぎて初めて海外赴任になり、3年間イギリスにいたのですが、お世辞にも発音が上手とは言えません。ただ、彼にはコンテンツがあるから強い。ある外国人と食事をしている時に、片言の英語でこんなことを言ったのです。

"I think there are three types of human being. Hamlet, Don Giovanni, Don Quixote. I want to be Don Quixote."

（私は人間には3つのタイプがあると思う。ハムレット、ドン・ジョヴァンニ、ドン・キホーテ。私はドン・キホーテでありたい）

文法だけであれば中学生レベルなのですが、含蓄のあるメッセージがこもっています。簡単な言葉だけで目の前の外国人に自分の想いを伝えた。そう考えると、**会話というのは流ちょうに話すことではなくて、シンプルな言葉でもメッセージがクリアであるということが大事なのだ**と思い知らされました。

英語を日常的に使えるようになると、さまざまなメリットが生まれます。まず、アクセスできる情報量が多くなるということ。今、インターネットの世界では、英語サイトが日本語サイトの１００倍以上あるのではないかと思います。その膨大な情報にアクセスできるようになることが一番大きなメリットといえます。

次に、さまざまな文献の原典にあたることができるということ。海外の文献を日本語に訳したものというのは、どこかでニュアンスが変わっていることが多々あります。僕が読んだケインズの本も日本語では難解だったのに、英語だと自然に読むことができ、日本語訳によって自分がケインズを誤解していたということも発見しました。これは日本語にない英語のニュアンスを無理に翻訳しようとしたためではないかと思います。

社内の英語公用語化に関しては、現在でも賛否両論ありますが、僕はこの制度は社員にとっても好都合なのではないかと思っています。英語がこれからのビジネスパーソンにとって必須となるのは間違いありませんし、公用語にしてもらえれば社内で英語を堂々と勉強できます。会社で業務以外の勉強をしているとサボっていると思われますが、英語が公用語なら勤務時間内に勉強をしていても、むしろ奨励されるでしょう。本来、業務時間外にしなければならないことが、会社にいる時間にやっても怒られない。ラッキーだと思いませんか?

要は、「英語苦手だからどうしよう」と思うのではなく、前向きにとらえようということです。

20▼▼▼ ノルマは達成できなくても気にしない。まずは取引先にコツコツ種をまいておく

営業職にはノルマが付きものです。数字を達成できないと「きちんと仕事をしているのか」と怒られたりということもあるでしょう。それでは気が重くなります。そうならないためには、ノルマを達成するようスキルアップすることが第一なのはいうまでもありませんが、目の前の数字にこだわらず、将来的に数字を上げられる態勢を整えておくことも大切です。

例えば1カ月の間にこれだけの数字を上げろというノルマが提示されているとして、できない人はその月の数字ばかりを気にしてしまいます。「今月は、まだこれしか売上を出していない。どうしよう」と気持ちが焦り、とにかくその場しのぎでも何でも目の前の数字を上げることにしか意識が働かなくなるかもしれません。客先で強引に話を持っていこうとして失敗したり、その時は売上となっても顧客の信頼を損ねているということもあり

えます。

一方、デキる人というのは、今月の数字が悪くてもさほど気にせず、2カ月先、3カ月先の数字を上げるための動きをしています。例えば今月は売上にならない顧客のところにも顔を出すなど、将来への投資、種まきを着々と行っているのです。

こういう動きをしていれば、たとえ今月は受注できなくても焦る気持ちにはなりません。お客さんとの信頼関係を深めることができたのであれば、今は数字に表れなくても必ず次につながります。

短期の結果だけを見て一喜一憂するのではなく、**顧客との信頼関係や自分のスキルが中長期的に見てどうなのか、自分で分析してみる**のです。そのうえで、もし来月も再来月もノルマを達成できる見込みがないというのであれば、それは問題です。自分のやっていることが正しくないということなので、やり方を変えなくてはなりません。

客先に足しげくコツコツ通って、お客さんとの信頼関係を深めることができていれば、数字が悪くても気にする必要はありません。社内で多少怒られても、それも仕事のうちと思って、ケロッとしていればいいのです。

ただ、上司が目の前の数字だけを見て評価を下げようとするなら、それはそれであなたにとって損なことなので、「自分は客先に行って次につながる動きをしているので来月は期待してほしい」といった旨を伝える必要があります。「頑張っています」と言う必要はありません。上司にとっては数字が出ているかどうかが大事なので、頑張っているかどうかは関係ありません。

それよりも、**事実に基づいた将来の見通しを説明することが大切**です。

21 問題は「そもそも」と「いやいや」で因数分解していく

問題が起こった時に、どんな手を打ったらいいのか分からない。手を打ってみたはいいがそれが正しかったかどうか分からない、と迷うことがあるかもしれません。勘と経験だけを頼りに、感覚的に問題を解決しようとするとどうしてもそうなってしまいます。もっとロジカルに、誰でも問題の解決方法を見つけられる「ロジックツリー」という方法があるので紹介しましょう。

問題を解決するためにしなければならないこと。それは問題の根っこにある原因を特定することです。

例えば「営業の成績が上がらない」といった時に、営業成績が低いことを問題視することには意味がありません。それは問題の原因ではなく、結果として起こったことだからです。

では、どのようにして問題の原因を探っていくのか。

ロジックツリーではまず、営業成績が上がらないという事実に対して、**「量」と「質」に着目して「Ｗｈｙ（なぜ）」をぶつけます。成績が上がらないのはなぜかと考えると、「そもそも受注件数（量）が少ない」という問題と、「いやいや、１件当たりの受注金額（質）が低いからでは？」という問題が浮かび上がります。これが最初の因数分解です。**

ここで出てきた問題に対して、さらに「Ｗｈｙ（なぜ）」をぶつけて因数分解します。この場合なら、「受注件数が少ないのはなぜか」という問いに対して、「そもそも顧客の訪問件数（量）が少ないからでは？」という問題と、「いやいや、訪問した場合の成約率（質）が低いからでは？」という問題に分解できます。

こうして因数分解を繰り返していくうちに、ツリーの末端の１つに、「そもそも営業アポの段階でターゲットが特定できていない」という問題と、「いやいや、特定できているが実行していないだけ」という「すべきこと」が浮かび上がります。

最終的にツリーの末端のすべてに「すべきこと」が浮かび上がるまで因数分解を繰り返していきます。そうすることで、すべての問題を漏れなく、ダブリもなく分解することができます。ただし、ここではまだ「すべきこと」を実行する段階ではありません。アポ取りの件数が足りないからといって依頼件数を増やしてみても、電話でのトークスキルに問題があってそれがボトルネックとなっているようだと、あまり意味がありません。ボトルネックに気づかないままだと、本当にしなければならない対処ができなくなってしまいます。

何がボトルネックとなっているかを知るには、数字やデータをもとに検証することが必要です。アポ取りなら、依頼件数と成功率を見て、不足しているほうがボトルネックです。これが分かったところで、依頼件数を増やすなり、トークスキルを磨くなり、実行に移していけばいいのです。

このようにロジックツリーを使うことで、特別な才能がなくてもロジカルに問題を解決することができます。ただし、この場合も一番重要なのは、分析に基づいた解決策を実行することです。頭の中で整理ができても、実行できなければ意味がありません。

chapter3

仕事を楽しそうにしている人の秘密

▶考え方1つでまるで違う。
下がったモチベーションを上向かせるには？

MOTIVATION

22 困った時は「神頼み」してもいい。続けていれば「拾う神」あり

何をやってもダメな時、というのは誰にでもあります。

新入社員のころは無我夢中で取り組んでいた仕事も、入社して10年近く経つと、マンネリに陥ったり、このまま同じ仕事を続けていっていいものか、など悩みを抱えてスランプになってしまうことも考えられます。

ライフネット生命保険も苦難の時期がありました。新聞広告、電車広告、ネット広告。あらゆる手を打って自分たちの商品のよさをPRしても、それが世間に伝わらない。いったいどうしたらよいものかと、一日中、思案に暮れていました。

会社の電話も鳴らず暇なので、とりあえずみんなで街に出てビラ配りをすることもありました。しかし、見向きもされません。生命保険に関する無料セミナーを開いて、そこで自社のことを知ってもらおうともしましたが、人がまったく集まらないという悲惨な状況

でした。

会社設立時は好意的に取り上げてくれたメディアにも、ネガティブな記事が載るようになりました。「ネット生保苦戦」の見出し。「やっぱりネット生保がうまくいくわけがないんだ」という声が、どこからか聞こえてくるようでした。

とどめの一撃とも言えたのが、競合他社がライフネット生命よりも価格を下げてきたことです。それまで「業界一の最安値」が最大の売りだったのに、それすらも失ってしまいました。

社内に不穏な空気が流れます。

この時、我が社は大きな選択を迫られることになります。他社の値下げに対抗して、自分たちが再び業界最安値の座を奪うか。それとも価格を今のまま維持して、もう少し我慢するか。

われわれが選んだのは、「神頼み」でした。

正確にいうと、**価格を維持して我慢することを選んで、あとは運を天に任せた**のです。

当時の社員全員で近所の平河天満宮に参拝して、お清めをしてもらいました。

すると嘘のような話ですが、神風が吹いたのです。

なぜ状況が好転したのかは後述しますが、ここで言いたいのは、**「どうにもならない時でも仕事を投げ出さずに楽しめばいい」**ということです。

うまくいっていない時は、あれこれ考えても仕方ありません。むしろ考えすぎて、大事なことを見失っている可能性すらあります。それなら初心に返ることで、解決の糸口が見つかることに期待するのも悪くないと思います。

僕個人の初心は、「仲間と楽しくいい仕事をしたい」ということでした。うまくいっていなくても仕事を楽しんでいたので、「このトンネルはどのくらい時間がかかるのかな」という思いはあったものの、投げ出したくなることは一度もありませんでした。

さて、ピンチに追いやられたライフネット生命には、どのように神風が吹いたのか。

浮上のきっかけは、2008年11月にありました。我が社が保険業界で初めて、保険料の原価を開示したのです。保険料の原価開示は、長い間業界のタブーとされてきました。

保険料は大まかにいうと、保険金支払いの原資となる「純保険料」に、保険会社の運営費となる「付加保険料」が上乗せされています。A社とB社でまったく同じ保障内容の商品があったとしても、この付加保険料の差によって商品の価格が異なってきます。つまり、保険会社が保険料のうちどれだけを「儲け」としているのかを、白日の下にさらしたのです。

この原価開示は、もともと開業当初からいつかやろうとしていたことなのですが、その反響は予想以上のものでした。

新聞や雑誌にも大きく取り上げられ、『週刊ダイヤモンド』の「業界初！〝保険の原価〟を開示したライフネット生命に怨嗟《えんさ》の声」という記事がヤフートピックスに掲載されると、ライフネット生命のウェブサイトには一日24万ページビューという、これまでにないほどのアクセスが殺到しました。

業界内外から、「よくやった」という声と、「余計なことをするな」という声がありました。

しかし結果的には、ライフネット生命の判断は世間に評価されたと思っています。この原価開示を境に、ライフネット生命の契約数は右肩上がりで上昇していったからです。

この時僕は、時代が変わっているのだということを肌で実感しました。**消費者はただ安いものを求めているのではなく、自分が応援・共感する企業の商品を選ぶ時代にシフトしているの**だ、と。

捨てる神あれば拾う神あり。われわれは顧客の期待に応えるための地道な努力を続けたからこそ、起死回生のチャンスが訪れたのだと思います。

そう考えると、消費者が以前から「いったい保険の原価っていくらなの?」と抱いていた疑問こそ、われわれにとっての「神のお告げ」だったのかもしれません。

23 うまくいっていない時はどっしりと、うまくいっている時は謙虚に淡々と

ライフネット生命に限らず、ベンチャーというものは最初はどの会社もうまくいかないようです。何もない状態から、試行錯誤を繰り返しながら進むのですから、当たり前といえば当たり前です。でも本人たちとしては、不安で仕方がありません。

営業開始から半年ほど経ったある日、僕はあるカンファレンスに顔を出し、某有名ベンチャーキャピタリストからこんなことを言われました。

「君たち、まだ半年でしょ？　まだまだこれからだよ。みんな同じような道をたどっているんだから」

この言葉に僕はとても勇気づけられました。みんな苦労しているんだ、自分たちだけじゃないんだ、と。

自分たちが通っている道というのも、道なき道を進んでいるようで、実は誰かが先に通

過している。そう考えると**「自分だけの悩み」というものはなくて、誰かがずっと昔に悩んだことを自分が悩んでいるのではないか**と思うようになりました。となれば、人類のこの長い歴史の中に残された文献などに、今の自分の悩みを解決する手がかりがあるはずです。

「失意《しつい》泰然《たいぜん》　得意《とくい》淡然《たんぜん》」

僕が困った時、うまくいかない時に思い出すこの言葉には、まさにその先人たちからの戒めや知恵が詰まっていました。

この言葉には次のような意味が込められています。

「うまくいっていない時こそ、どっしりと大きく構えよ」

「うまくいっている時こそ、謙虚になれ」

これはつまり、うまくいっていない時というのは、うまくいくための助走期間、積み上げ期間だから、慌てる必要はない。今はやるべきことをやっておけ、ということです。

逆に、うまくいっている時は、実はどこか落とし穴があるかもしれない。調子に乗っているといると誰かに足を引っ張られるかもしれないから、常に「自分は今調子に乗っていないか」と疑い、謙虚でいることが大切だ。そう教えてくれます。

ベンチャーをやっていると、この言葉にはことさら大きな意味を感じますが、企業経営レベルだけでなく、ビジネスパーソンとしての日常生活でもまさにこの言葉の通りではないでしょうか。

困った時、うまくいかない時、先人たちはどうしたか。また、先人たちはどのような言葉を残しているか。人間の歴史を振り返ることで、ヒントが見えてくるかもしれません。

24 ▼▼▼ 地味な仕事にチャンスあり

「自分はもっと大きい仕事を任されたいのに、今担当しているのは地味な仕事。ちょっと格好悪いし、同期にもバカにされる」

会社の風土によっては、同期との比較が気になるという人もいるでしょう。僕は若いころ、社内で「地味」とみなされていた小さいプロジェクトに配属されることが多かったです。投資ファンドのリップルウッドに在籍していた時、社内では3000億円近い大型案件である日本テレコムの買収が脚光を浴び、同期も何名か担当チームに入っていました。

この時、僕は静岡県のある鋳物メーカーを上司と2人で担当していました。案件総額は200億円前後。

周りからは、「岩瀬も地味なプロジェクトにまわされたな」と思われていたかもしれません。でも実際は、困ることはありませんでした。規模が小さい企業のプロジェクトでよかったと思います。**なぜなら小さなプロジェクトだったからこそ、仕事のすべてを一通り経験することができたからです**。

大きなプロジェクトでは、全体像が見えず、自分がいったい何の仕事をしているのか分からないということもあります。そのうえ、メンバーに与えられる責任や権限も小さいものです。

その点、小さなプロジェクトであれば自分に大きな権限が与えられ、スタートから一通りのことを経験できるのでやりがいがあります。僕も実際、銀行に行って資金調達の交渉をしたり、社長候補を面接したり、経営計画を立てたりしました。大きなプロジェクトにいたら、そのどれかの担当はできたかもしれませんが、すべては経験できませんでした。

漢文の授業で、**「鶏口《けいこう》となるも牛後《ぎゅうご》となるなかれ」**ということわざを習いましたが、まさにその通り。僕は鶏の頭として仕事をさせてもらったのです。

出口と2人で始めたライフネット生命も、最初は小さな鶏でした。

2人で小さな会社を始めるといいことがあります。自分は社長か副社長のどちらかになれる可能性があることです。部下を1人も持ったことがなかった僕が、いきなり副社長です。

小さな会社だと、このように自分が少しだけ背伸びできます。出口も社長の経験はありませんでした。2人ともこれまで経験していない肩書きでいることで、少しだけ背伸びをしているのです。偉くなったわけではありませんが、**「ポジションが人をつくる」とよく言われるように、その肩書きに見合った行動、振る舞いを自然に覚えていくようになりました。**

おかげさまで今は社員数も増えて、順調な成長軌道に乗っています。そうなると、そこで働いている人間にも仕事のやりがいが生まれます。会社が伸びているから面白い。もしあなたが就職・転職活動で会社を自由に選べる立場にいるのならば、僕は大企業より、小さくても勢いのある会社に行くべきだと思います。

小さなプロジェクト、小さな会社でも、「自分は大きな責任を持たされているんだ」と胸を張っていればいいのです。そのほうが個人としても間違いなく成長するはずです。

25 ▼▼▼ 望み通りの仕事に就いていても、隣の芝生は青く見えるもの

「こんな仕事、やっていても楽しくない」と言う人がいます。昔よりも職業選択の幅が広がったのはいいことですが、そういった不満が増えているのは皮肉なものです。

昨今の不況下では、「仕事があるだけマシだ」ということも言われそうですが、せっかく自分が就いた仕事。楽しくやりたいものです。

仕事がつまらないという人にアドバイスするとしたら、僕は次のいずれかをお話しします。

「つまらない仕事はない」

「楽しい仕事なんてどこにもない」

「はじめに」でも述べたように、この2つは一見逆のことを言っているようですが、言いたいこととしては同じです。どちらも「仕事が楽しくなるかどうかは自分次第」という意

味なのです。

人間は生きていくために、嫌でも働かなくてはなりません。仕事は自分の好きなことだけをやるわけではないので、当然嫌なことも含まれます。それならいっそのこと、**嫌なことを楽しむ方法を覚えたほうがいい**と思いませんか？

例えば、夏は暑いのが当たり前です。みんな、「暑い、暑い」と文句を言います。僕も蒸し暑いのは好きではありません。でも、考え方を変えました。この「暑い」という感覚は夏しか味わえない。それなら目いっぱい、暑さを楽しんだほうがいいんじゃないか、と。夏だからアイスがおいしい。夏だからシャワーが気持ちいい。「暑いって楽しいなぁ」と自分に言い聞かせていたら、なんとなく本当に楽しいような気がしてきました。

冬も同じです。身が縮むような空気の冷たさも、体を引き締めてくれるものだと思えば気持ちいいもの。寒いからこそ、暖かい部屋にいる喜びを感じられる。そう考えると、冬も楽しくなります。

さらに突き詰めて考えると、四季を楽しめるのは、日本にいるからだということに気づきます。清少納言も『枕草子』で「春はあけぼの」「夏は夜」「秋は夕暮れ」「冬はつとめて」と四季のよさを書いています。東南アジアなどには、四季がなく年中真夏のような国もあります。それに比べれば日本はとても贅沢な気候の国です。四季があるから、食べ物もおいしくなるし、彩り豊かな生活を楽しむことができるのです。

夏の暑さや冬の寒さを楽しむように、仕事も楽しいものだと思い込んでしまえばいいのです。仕事ができるということは健康だということ。それだけでも喜ばしいことです。

いろいろな人を見てきて思ったのですが、「仕事がつまらない」という人は、どんな仕事をしても「つまらない」と言います。逆に仕事を楽しんでいる人というのは、自分の仕事を面白くする術《すべ》を知っているので、どんな仕事にも楽しんで取り組みます。

違いは何なのか。やはりみんな、隣の芝生が青く見えているだけなのではないかと思います。自分の仕事はつまらなくて、他人の仕事は楽しいのだという幻想があるのでしょう。

トム・ソーヤーの物語にも有名な話があります。

罰として塀のペンキ塗りを課せられたトム・ソーヤーは、その仕事がとても嫌でしたが、たまたま通りかかった友人の前で楽しそうにやってみせます。すると友人から「僕にもやらせてよ」と頼まれます。トム・ソーヤーは仕事を友人にやってもらったうえに、お礼としてリンゴなどの物品まで手に入れることに成功しました。彼は、「他人の仕事は面白そうに見える」ことをうまく利用したのです。

一見華やかな外資系企業に勤めている人たちにも、こんな図式があります。一般企業の人はコンサル企業に憧れる。コンサル企業の人は投資銀行に憧れる。投資銀行の人は投資ファンドに憧れる。投資ファンドの人は十分お金を稼いでいるので、NPOで社会貢献をしたくなる。でもNPOは世間からあまり注目されない。それなら一般企業で働いたほうがいいんじゃないかと考えを改める。

1周して一般企業に戻ってきました。結局、どっちの仕事が楽しいかなんて、誰にも分からないことなのです。

唯一の例外は、その業種が好きだという人。パンが好きだからパン屋さん、服が好きだから服屋さん、音楽が好きだから音楽家というような人にとっては、楽しい仕事というのが明確だと思います。

それ以外の多くの人にとって、「楽しい仕事」がどこかにあるわけではなく、「仕事を楽しめる自分がいるかどうか」ということなのです。

26 ▼▼▼ 単純作業こそ最高の英才教育

若手のころは、単純作業ばかりを命ぜられることがあります。最近は新人採用が減っているため、その期間が長期化してなかなか次のステップに進めない入社10年目前後のビジネスパーソンも少なくないようです。

「仕事を楽しめ、と言われても、自分がやらされているのはデータ入力の作業だ。こんな仕事を楽しむことなんてできない」

たしかにいつも同じ仕事の繰り返しは退屈です。

しかし、そうした単純作業が役に立たないわけではありません。善意に解釈すると、そこには足腰を鍛えてほしいという会社側の思いがあるのかもしれません。どんな会社でも基礎部分となる仕事は重要です。それは決して楽しいことではないでしょうが、任された仕事を早くできるようになって、その場所から早く卒業すればいいのではないかと思います。

阪急電鉄創業者、小林一三《いちぞう》氏もこう言っています。

「下足番を命じられたら、日本一の下足番になってみろ。そうしたら、誰も君を下足番にしておかぬ」

この気概が必要なのです。

僕も新人時代には、随分と単調な作業をしたものです。クライアント企業の全国の支社から送られてきた段ボールいっぱいの資料を分析するために、ひたすらデータをエクセルに入力していました。

人によっては、これを「つまらない仕事」と敬遠したかもしれません。

しかし僕は、この作業が途中から楽しくなっていきました。自分で手を動かしてデータを触っていると、それまで整理された資料を眺めているだけでは分からなかった会社の生の姿を感じ取れるようになっていったのです。

「神は細部に宿る」と言いますが、体を動かすことでデータが血肉となり、初めて見えてくることがあるのです。

このように、つまらないと感じる作業でも、実は血となり、肉となっている。以来僕は、**あらゆるビジネスの本質は、現場の泥臭いところにあるのではないか**と思うようになりました。

単純な作業もできない人に難しい仕事ができるわけがない。ミクロの実態が分からない人にマクロを語れるはずがない。だからこそ、単純作業は最高の英才教育だと思うのです。

27 決断をする時のために、メンタルを最高の状態に整えておく

副社長という立場になってから、大小さまざまな経営判断をする機会が増えました。そこで求められるのは、スピードです。僕の判断が遅れてしまうと社員の仕事が止まってしまったり、会社が大切な機会を逃すことになるかもしれません。

経営者であれば、誰もがこの判断力を身につけなければなりませんし、グループのリーダー的な立場にある人であれば、判断を求められるシーンがあるでしょう。ところが日本人は、スピーディーに判断をするのが苦手だと言われます。政治でもビジネスでも、慎重に慎重を重ねて結論は先送り。必ずしも悪いことばかりとは言い切れませんが、問題が先延ばしになったり、チャンスを逸してしまったりと、デメリットが大きいのも事実です。

ではいったいどうすれば、判断力を高めることができるのか。

判断力を高めるにはまず、とにかく睡眠をしっかりととることです。頭がスッキリした状態でなければ、判断力が鈍り、誤った判断をしてしまうことがあります。だから経営者は常に頭をフレッシュな状態に保っておかなければならないのです。

しっかりと寝ることが、判断力を高める第一条件。判断を下される側にとっても、睡眠不足の人には判断してもらいたくないです。

そして、次に注意すべきなのが「心」。メンタルです。

近年、メンタルケアの重要性が認識されるようになってきましたが、どちらかというと悩みを抱える人向けのケアが中心で、それ以外の悩みもなく健康そのものの人のメンタルについては、さほど重要視されていないような気がします。でも本当は、メンタルの強い人にもメンタルケアは必要なのです。

例えば、陸上の100メートル走のような、ある意味、もっとも単純に身体能力を競う競技ですら、選手はメンタルの状態にとても気を遣います。スタート直前のあのピリピリとしたムードからも、それが伝わってくるでしょう。わずかな迷いや恐れが、結果を大きく左右します。あの史上最速のスプリンター、ウサイン・ボルト選手も、2011年の世界陸上でフライングというミスを犯し、失格となってしまいました。

サッカーや野球でも同じことがいえると思います。ホームとアウェイでは、圧倒的にホームのほうが有利になります。物理的には同じルールでやっているものなのに、ホームの声援がメンタル面に大きなプラス効果をもたらしているのです。逆にアウェイのチームが、雰囲気にのまれて萎縮することも珍しくありません。

メンタルがほんの少し影響を受けただけで１００％の力を発揮できなくなり、それが結果として負けにつながってしまった例はいくらでもあります。

ここで自分の仕事を思い返してみると、僕らオフィスワーカーは身体能力を競っているわけではなく、頭を使って競っていることに気がつきます。

スポーツ選手ですらメンタルの状態がパフォーマンスに大きな影響を与えるのだとすれば、頭しか使っていない我々にとって、心理状態がいかに結果を大きく左右するかは言わずもがなでしょう。

したがって、ビジネスパーソンも常に「心」の状態に気を遣わなければなりません。すべてが最高の状態になって初めて、自分の潜在能力を発揮した結果が出せるのだといえます。

28 ▼▼▼ イライラしている自分を冷静に観察せよ

仕事中につい、イライラすることがあります。それ自体は仕方がないことだと思います。誰にだってストレスはあります。働いているのだから、なおさらです。

しかし、機嫌が悪く頭が整理されていない状態で仕事を続けていると、いつかミスを犯してしまうかもしれません。周りに悪影響を与えることだってあります。大きなため息をついたり、貧乏ゆすりをしたり、人や物に当たったりするのは、他人からすれば迷惑なことです。そうならないように、なるべく早めの対処をしておきたいものです。

まず大事なのは、**自分で「あ、今正常な状態ではないな」と認識する**ことです。

イライラしている時というのは、自分ではそのことになかなか気づけません。自分のいらだちを認識するのは、自分を客観的に見るということでもあるから、とても難しいことなのです。

それでも気づく方法はあります。例えば**夜寝る前など、冷静な時に自分の行動を振り返ってみる**とか、**周りの人に「僕（私）って、不機嫌そうにしていることある？」と聞いてみる**のです。僕自身、人に言われて初めて、自分がイライラしていたことに気づくことがあります。

自分のいらだちに気づくことができたら、ではなぜそう感じているのか、その原因をよく考えてみてください。何か理由があるはずなのです。

例えば、上司に注意された、後輩に頼んだ仕事がうまくできていなかった、というように、周囲の人間の影響で不機嫌になっているのかもしれません。あるいは、何かに焦っているから、不安があるから、というように、自分自身に内在する問題かもしれません。人間による原因ばかりでなく、天気や時間帯、曜日などによって感情にムラがある人だっているでしょう。

僕の場合は、どうもお腹がすいている時にいくらかいら立つことが多いようです。「犬みたい」と言われるのですが、人間も動物であることを思えば仕方のないことだと思います。

こんな時、自分の気持ちを押し殺そうと頑張ってみても、あまりうまくいかないと思います。一時的にできたとしても、ストレスを溜め込むだけということもあります。

適切な対処方法としては、自分の感情が平静でないという現実と向かい合い、なるべく行動や判断に影響を与えないようにすることです。

例えば何かを決めなければならない時、雑念があるな、と思ったら判断を見送るようにするとか、人に大事なことを伝えなければならない時には話さないようにするとか、リスクを回避する方法は何かしらあります。間違った判断や不要なあつれきは、避けられるものなら避けたいものです。

機嫌が悪い日があるのは仕方がないこと。怒ったり悲しんだり、感情が揺さぶられることは誰にでもあります。そう割り切ったうえで、その状況でベストを尽くすのが一番です。

ありのままの自分を受け入れることができれば、それほど難しいことではないと思いますが、多くの人はそのようなマインドではないような気がします。ストレス社会と呼ばれるほどの時代ですから、なおのこと、メンタルケアは、しっかりしなければなりません。

他人に迷惑をかけないように、そして自分が後悔しない行動をすることを心がけましょう。

29▼▼▼ 他人のイライラも受け入れよ

自分が機嫌がよくない時の対処法は先に述べた通りですが、「周りの人間がイライラして困る」という悩みもまた多いものです。ここでは「迷惑を被る側」としての対処法を考えてみましょう。

後輩や同僚が不機嫌そうにしているくらいなら、自分が注意できるだけまだいいでしょう。困るのは上司がストレスを抱えてそれを表に出している時。忠告するのはなかなか勇気のいることです。

上司も人間で、なおかつ責任ある立場にいるのですから、少なくとも部下よりは多くのストレスを抱えていると考えるのが自然です。時には隣の部署の仕事を妨げるほど大きな声で怒鳴ることもあるでしょう。

ある意味仕方のないことなので、なぜ上司がそういう状態にあるのかを分析して、受け入れることをお勧めします。分からないままでは、こちらまでいい気分ではいられなくなってしまいます。

誰かがその上司に、「ちょっと気分転換でもしませんか?」と声をかけるのも、ある種の優しさであり、チームワークといえます。

もちろん、よく怒られている人がそれを言うのは火に油を注ぐようなものなので、言える人、言えるタイミングというのがあります。自分が言えない場合は、誰かに頼んで言ってもらいましょう。

また大抵の職場には、怒りの沸点が極端に低く、すぐに怒り出す人がいるかと思います。こういう人の対処方法も同じく、「受け入れてあげること」です。

多くの場合、彼らは「瞬間湯沸かし器」という呼称を与えられ、そのフロアの名物社員となっています。そういう人はいつどこで怒り出すか分からないので「怖い人」という印象を受けますが、恐れることはありません。本人も自覚があるのか、そのあと「さっきはごめんなさい」と謝ってくることが多いのです。

それはつまり、「話せば分かる人」なので、実は扱いやすい人でもあります。

仕事に対して真剣であるからこそ、ついカッとなってしまう。悪気がないということが分かっていれば、その人が怒っていても、伝統芸能を見ているかの境地でそれを見守ることができます。その時はうるさいと思うかもしれませんが、こういう人は上司に対して意見具申をしてくれることがあるので、貴重な存在といえます。

自分の心の状況を客観的に理解できれば、無用な感情の起伏がなくなるので、仕事に集中することができるようになります。同様に、他者の心の状況を理解できるようになれば、相手の感情に配慮できるようになり、人間関係もより円滑になるのです。

感情の沸点が低い直情型の人は、自分の理解者には、徹底的に仲良くしてくれる人だと思います。

少し苦手な人を遠ざけるのではなく、理解しようとすることが大切なのではないでしょうか。

30 ▼▼▼ 気分が乗らない時のために、力を発揮できるパターンを用意しておく

気分屋さんでなくても、「どうしても気分が乗ってこない」という日が誰にでもあるはずです。

席に着いたはいいが、仕事がなかなか手につかない。

「今日は乗ってこないからここまでにしておこう」

こんなことを言えるのは芸術家くらいなものです。ほとんどの人は、気分が乗ろうが乗るまいが関係なく、その日の仕事をこなさなくてはなりません。

しかも、気分が乗らないからといって、いい加減な仕事をすることは許されません。最高のパフォーマンスを発揮することが求められます。

では、どうすればいいのか。

例えば**僕は原稿を書く時、イヤホンで大音量の音楽を聴いて気持ちを盛り上げることが**

あります。テンションを高くし、書きたい時はテンポのいい曲、気持ちを落ち着けたい時はクラシック、といったようにジャンルを変えながら自分の気持ちを切り替えるようにしています。

ノートパソコンだけ持って、仕事を外に持ち出すこともあります。お気に入りのカフェの、お気に入りの席に座っていると、集中力が高まります。

このようにして、僕は自分の気分が乗らない時にはパフォーマンスを上げるような工夫をしています。

もちろん、音楽を聴きながらできる仕事や、場所を選べる仕事ばかりではありません。むしろそういったことのできない仕事のほうが多いでしょう。

ただその場合も、気分を切り替えることのできる「何か」さえ持っていればいいのです。お茶を飲む。ガムを噛む。誰かと会話をする。散歩する。なんでも構いません。万人に共通するそんな方法はないので、自分が力を発揮できるパターンをいくつか見つけておきましょう。

能力の高い人が仕事がデキる人だと思われるかもしれませんが、実際はそうではありません。

自分の能力を上手に引き出せる人が、仕事がデキる人なのです。

気分が乗ってこないまま作業をしても効率が悪くなるだけです。自分がどういう状態の時、一番乗った状態で仕事ができるのかを知り、気分を切り替えるための行動を起こしましょう。

パフォーマンスを最大にする術を知っていれば、気分が乗らない日ですら仕事を楽しむことができるようになります。

31 ▼▼▼ おじいちゃん、おばあちゃんになった自分を思い描く

スティーブ・ジョブズの自伝が日本でも発売され、Ⅰ・Ⅱをあわせて100万部を超えるベストセラーとなりました。

このように大勢の人に読まれるのは一部の有名人だけかもしれませんが、私たちは誰しも引退する時に、「自伝」を書くつもりで生きるべきではないか。最近、そう考えるようになりました。

本書を手にしている入社10年目前後の皆さんであれば、自伝の第1章を終えて、第2章に入ったところでしょうか。これから第3章、第4章と佳境に入っていく。そんなことを想像してください。

私たち一人ひとりはかけがえのない人生を送っているはずです。物語を刻んでいるのです。

だとすれば、自伝を綴る資格は何もセレブリティに独占される理由はなく、誰しも歩んできた道を「私の履歴書」として書いていいはずです。**将来、自分の子供や孫に「お母さんはどんな人生を送ってきたの？」「おじいちゃんはどんな仕事をしてきたの？」と聞かれた時に、どのような物語を語るのか？**

そう考えながら、日々の職業人人生を過ごすべきではないでしょうか。

僕自身は、こう考えています。

「おじいちゃんは安定した生活を好んで、大企業を選んで、コツコツ生きてきたんだよ」

これも素晴らしい生き方だと思いますが、それよりも、

「おじいちゃんは社会の常識を変えるべく、どんどん新しいことに挑戦してきた。たくさん失敗をしてきたし、少しだけ成功も享受することができたかもしれない。いつ如何なる時も思い切った人生を送ったし、君たちにもそういう人生を選んでほしい」

あなたは、孫の世代にどんな物語を聞かせてあげたいですか？

32 ▼▼▼ 今より幸せになる方法は2つある。人と比較しないことと、慣れないこと

中堅ビジネスパーソンから、こんな質問を受けることがあります。

「同期より出世が遅れていたり、学生時代の友人より給料が低かったりすると、情けなさを感じたりします。気にせずに済むにはどうしたらいいでしょうか？」

こういう人はきっと、どのような状況でも同じことを言っていると思います。仮に年収が1000万円を超えていても、同期が1100万円もらっていれば嫌な思いをするでしょうし、同期を追い越したとしてもまた別の比較対象が現れて同じように悔しい思いをするでしょう。

他者と比較している限り、決して幸せにはなれないのです。

人間の「幸せ」に関しては、ハーバードでの講義で議論したことが印象に残っています。

What is happiness?
（幸せとは何か？）

こういったことは普通、学校の授業では教えてくれません。現代社会は価値観も多様化しているので、その定義はよけいに難しくなっているでしょう。僕もこの時はいろいろなことを考えさせられました。そこで思ったのは、「はじめに」でも述べたKnowing "Just Enough"――「これで十分、満足したことを知る」ことです。

僕が「これができたら人はもっと幸せになれるのにな」と考えることが2つあります。

1つは、他人と比較するのをやめること。

人を満足から遠ざけるのは、他人と比較することです。本来、幸福というのは内面的なもののはずです。他者と比べたり、優位性をもって判断すべきでないのです。外部と自分を遮断し、内なる心に耳を傾けてください。

「自分は今、ハッピーなのだろうか？」

人と比べることをやめることで、安らかな気持ちになれることが多いはずです。

幸せになるもう1つの方法は、「慣れる」ことをやめて、いつも新鮮な気持ちを持ち続けるということです。

一般論でいうと、日本はとても恵まれた国です。不況といわれる時代でも、選り好みしなければ仕事はあるし、おいしいB級グルメのご飯は食べられるし、街はきれいで治安もいい。人も親切です。でもみんなそういったことに慣れてしまっているので、ありがたみを実感しようとしても、なかなかできないのではないでしょうか。

ボストン暮らしが続いた時、「あー、日本の温かいご飯が食べたい」「湯船にお湯を張って肩まで浸かりたい」と日本での生活を懐かしく思い出していました。

日本だと800円も出せば定食屋でおいしいご飯とおかずに、小鉢まで付いてきます。これに対してアメリカでの食事は、サンドイッチかハンバーガー、もしくはピザといったものばかり。またアメリカではあまり湯船に浸かる習慣がないらしく、シャワーだけで済ませてしまいます。ボストンは寒いところなので、日本の風呂が恋しくなりました。日本に帰ったら絶対温泉に行こうと思っていました。

冬休みなどで日本に帰ってくると、それは感激したものです。ご飯はおいしい。あったかい風呂には肩まで浸かれる。これがなんと幸せなことか。日本はつくづくいい国だな、と実感しました。でもそう思うのも、最初の1日か2日だけです。3日目からはそうしたことが当たり前になってしまって、まったくありがたみを感じなくなってしまうのです。

この時思ったのが、「こういった当たり前のありがたさに慣れてしまわずに、毎回新鮮な喜びを保つことができたらどれだけ幸せなんだろう」ということです。

だから僕は、何か自分に不満があると感じた時は、「自分はすごく恵まれているだろう」と考えるようにしています。温かいご飯を食べられるという幸せ、家に帰ったら風呂に浸かれるという幸せ。

当たり前のことが一番幸せで、それを実感することが大事なのではないかと思います。

chapter4

不採用通知は、自分の人生を闘っている賞状だ

▶キャリアプランの見直し。
何のために働く？　働くこととは何？

CAREER

33 ▼▼▼ キャリアは努力よりも運命によって決まることのほうが多い

講演会などでビジネスパーソンの皆さんとお話ししていると、大半の人がキャリアについてなんらかの悩みを抱えていることが分かります。終身雇用の時代が終わり、労働市場も流動化した今日においては、当然といえば当然かもしれませんが、僕自身はことキャリアに関しては、１つの大きな指針に沿って築いてきたといえます。

今になって振り返ってみると、司法試験に合格したのに弁護士にならずにボストン・コンサルティングに入社し、インターネットキャピタルグループ、リップルウッドを経て、アメリカに渡りハーバード経営大学院に留学、そしてライフネット生命の立ち上げと、僕のキャリアは異色に富んでいるように見えますが、考えていたことは単純です。**「この人と働きたい」という自分の気持ちに素直に従っていただけ**なのです。

途中、職探しをしいている期間もありました。大学の同級生がバリバリ働いている一方で、自分がハローワークに通っていた時は、さすがに不安になりました。他人と比較して考えるのはやめて、「新しい仕事が決まったらそれを楽しくやろう」と前向きな気持ちを持っていましたが、それでも先が見えないと気持ちは落ち着きません。

ハーバード留学中に読んだ、興味深い調査結果があります。30年前の卒業生6名に対して、卒業後5年、10年、15年、20年と時の経過とともにどのようなキャリアと私生活を送っているか、追跡調査したものです。

この調査結果から考えさせられたのは、人生にはコントロールできない要素があまりに多く、計画を立ててその通りにいくことはないということです。仕事に没頭しすぎて離婚してしまったとか、不幸にも子供を亡くしたとか、自分自身が重い病気を患ってしまったとか、そういった誰にでも起こりうる突然のハプニングのほうが、MBAの有無などよりもその人のキャリアに大きな影響を与えるわけです。

不幸な運命を背負うと、人生観も変わるでしょう。MBAという学位を手に入れ、自分の人生は前途洋々であると信じていた人ほど、その無力感は大きいのかもしれません。

このように自分のコントロール外の要素が多い人生ですが、もっとも大切なのは「自分という人間をよりよく知るための努力をする」ことです。半生を振り返って、自分はどこ

から来たのか、なぜ今の自分があるのかをじっくり考える。その作業を怠ってしまっている人が多いのではないでしょうか。

この点においては、僕はハーバード時代にブログをつけていたことが役に立ちました。読み返してみると、イギリスの小学校時代の思い出話や、「なんでこんなことを書いたのだろう」と思うことばかり書いています。これは将来どこに向かっていくか悩んでいた僕が、そもそも自分はどこから来たんだろうかと必死になって考えたからだと思います。そういった作業が実はとても大事だったのだなと、今になって分かった気がしています。

誰しも新しいことは勉強するし、他の人のことはよく知ろうとします。

しかし、もっとも身近で大切な存在である「自分」のことを深く理解しようと立ち止まって、時間をかけることを怠ってしまっているように感じます。

まずはこれまでの半生を振り返ってみてください。今の自分の世界観、価値観を形成するきっかけとなったのはどんな出来事か。そして自分はどこへ向かおうとしているのか。これからの人生を歩んでいくうえで大切なヒントが、そこには隠されているはずです。

34 ▼▼▼ 働くのは会社のためか、個人のためか。個人のために決まっている

人は誰のために働いているのでしょうか。
会社のため？　仲間のため？　株主のため？

ライフネット生命の社員についていえば、僕の答えは100％決まっています。「個人のため」です。

社員の一人ひとりが活き活きしていないと、チームとしてもいい仕事ができないし、会社としても業績を伸ばすことはできないからです。

僕は社員によく、「会社は社員一人ひとりが成長するためのプラットフォームであり、その成長が会社のためにもなるのです」と言っています。

会社というのは本当に勝手な存在で、個人の都合よりも会社の都合を優先するのが当たり前です。

昔、僕の友人が大手商社からボストン・コンサルティングに転職してきたのですが、その時にこんなことがありました。

会社からの「5月1日から来てくれ」というオファーに対し、転職の合間に妻との旅行の計画を立てていた友人は「ゴールデンウィーク明けの8日からにしてほしい」と頼みました。会社は「プロジェクトが決まっていてお客さんとの関係もあるので1日から来てくれ」と再度要請。彼も仕方なく旅行をキャンセルし、1日から出社することにしました。ところがいざ会社に行ってみると、肩透かしを食らいます。

「ごめん、そのプロジェクトは流れたんだ」

このようなことは、会社では特に珍しくもなく当たり前にあることです。でも僕には友人がかわいそうに見えたし、「会社って本当に勝手なんだな」とも思いました。

そういう場面を直接目にしてしまったので、僕はなおさら、会社よりも個人を重視したいという気持ちを持っています。

会社というものはもともとこの世にはないもので、会社が生まれて人間が生まれるということはありません。一人ひとりの個人がまずあって、その集まりが会社という組織になっているだけです。

そういう意味では個人をもっと大事にしないといけないと思うし、僕らのように新しくて小さな会社だと、余計にそう感じています。

大量生産の時代ではないのですから、一人ひとりが創造性を発揮し、活き活きと働ける職場になってこそ会社の成長もあるのだと思います。

35▼▼▼ 「やりたいこと」へのこだわりを捨てれば、「なりたい自分」に近づける

この本の冒頭で述べた「何をやるかよりも『誰とやるか』」を少し掘り下げてみましょう。

「今の会社ではやりたいことができない」「やりたいことをやるにはどうすればいいのか」といった悩みを抱えるビジネスパーソンにまず分かってもらいたいのは、世の中、**好きなことだけをやってお金がもらえるほど甘くない**ということです。

そうではなく、**誰かが「やってほしい」と思っていることをやるから、対価がもらえる**のです。

僕に関していえば、「どうしてもこれがやりたい」という仕事がずっとあったわけではありません。

自分が尊敬できる人たちに囲まれて仕事をしたい。社会に対してインパクトのあること

をやりたい、世の中に自分が生きた足跡を残したい、ということを優先的に考えてきました。その中での自分の役割にもこだわりがなく、ハーバードにいたころから「自分は社長でなくてもいい、チームで大きな仕事がしたい」と考えていました。

やりたいことができないと悩んでいる人の多くは、How（どうやって目的を達成するか）とWhat（何をやるか）を混同しているのではないでしょうか。手段として選んでいることと、達成したい目的は、別ものだと思います。

例えば、「人の役に立つ仕事がしたいから」と、医者を目指す若者がいるとします。しかし医学部への道は狭き門で、誰もが医者になれるわけではありません。ここで医者になりたいのになれない不幸な若者が1人生まれてしまうと思われがちですが、そもそもその人の人生の目的は「人の役に立つ仕事がしたい」ということですから、別に医者でなくてもいいわけです。看護師や心理療法士でもいいですし、医療の現場にこだわらなければ、消防士や保育士だっていいわけです。

このように、自分自身の中での目的を再定義して、実現したいことは何なのか、それを達成するにはどうすればいいのか（どうしてもその仕事でなければならないのか）ということを問い直すことによって、選択肢が増えて、より目標に近づける可能性が高まるのではないかと思います。

やりたいことができないという理由で躓いている人を見ていると、「やりたいこと」へのこだわりが強く、その範囲が狭いような気がします。それではなかなか前に進めません。

逆に「やりたいこと」を広めに定義しておけば、もっと活き活きとした働き方ができるのではないでしょうか。

36 ▼▼▼ 天職など存在しない。悩み、迷いながら歩むこと自体がキャリア

人は悩みながら生きていく動物です。僕はこれまで楽しく仕事をしてきたという話をしましたが、そのような働き方に対してまったく悩みがなかったといえば嘘になります。仕事そのものがつまらなくなったという理由ではありません。若いころなら誰でもあると思うのですが、漠然と「これでいいのかな」と悩んでいた時期があったのです。

20代半ばのころ、僕はリップルウッドにいました。社会人になってからすでに3社目の会社に就職していた僕は、先輩たちから「岩瀬は飽きっぽいな」と言われることがありました。

一方、大学の同期は、弁護士として着々と力をつけている者がいたり、役人として大きな仕事を任されている者がいたり。自分だけ外資に進み、転職を繰り返しながら「楽しいかどうか」という基準で働いている。自分の選択に後悔しているわけではないのに、周囲

からはいろいろ言われて、疎外感というか後ろめたさというか、「これでよかったはずなのに……」と自分に言い聞かせている時期がありました。

アメリカに留学する直前、**「Planned Happenstance（計画された偶然性）」**というキャリア理論に出合い、救われた気持ちになりました。これは要するに、**「天職というものは存在しない。悩みながら道を切り開き、その都度、懸命にやっていくこと自体がキャリアなのだ」**という考え方で、僕はこれを聞いて「あ、やっぱり自分は間違っていなかったんだ」とそれまでの迷いの気持ちを吹っ切ることができました。

僕はこれまでのキャリアについて「華やかだ」とよく言われることがありますが、それもハーバードでベイカー・スカラーを取得してからのことです。それまではそんなことを言われたこともなく、むしろ**「なぜそんな道を選ぶの？」**という感じだったのです。

なぜかというと、司法試験に受かったのに、ボストン・コンサルティングという当時あまり知られていない会社に行き、そこでまず最初の「なんで？」という反応。そこを辞める時も、**「せっかく順調なのになぜ辞めるんだ？」**と言われ、リップルウッドに移籍したころは、世間から「ハゲタカ」と冷ややかな目で見られていました。周りからは褒められたことがないのです。その後ハーバードに留学するわけですが、そこを卒業してライフネット生命を始める時も**「なんで保険なんてやるの？」**と言われました。

一般的に結果が出てからは評価をしてくれるものですが、うまくいくかどうか分からない時は、周りは好き勝手に言います。

皆さんも自分の好きな道を選択した時に、周りから何か言われて悩むことがあるかもしれませんが、あまり気にしないようにしてください。**大切なのは、自分が好きなものを人の意見は気にせず好きと思えること**です。恋愛と同じです。心の底から好きな人ができたら、他の人に何を言われようと、その気持ちは大切にすると思います。

自分の生き方についても、同様でいいはずです。

37▼▼▼ 公平公正な評価を期待してはいけない

「仕事のデキる人間より、仕事ができなくても社内で上手に立ち振る舞うことができる人間のほうが出世する」

どんな会社であっても、散見されることだと思います。そういう会社の出世の基準というのは、社内派閥だったり、上層部の好き嫌いだったりということが大きく影響していま す。

入社10年目にもなると、同期であっても人事考課において評価に優劣がつけられることは珍しくありません。

「なんであの人が」という不満の声が上がることもあるでしょう。しかし評価するのはあくまで人間。フェアにジャッジしようとしても必ず主観は入るものなのです。ミスジャッジが起こる可能性は常にあります。

人間関係が出世に大きく影響するとしても、会社の上層部も何も考えていないわけではありません。その人間に横からの信頼、下からの信頼があるかどうか、アンテナを張って見ています。会社としても、人望がない人間をそこまで偉くしようとは思っていないのですから。

上司にこまめに報告しようとする姿が、媚びを売っているように見えることもあるかもしれません。

しかし上司の立場からすれば、よく報告しに来てくれる部下はいいところも悪いところも理解できるので、仕事がしやすい「いい部下」です。その結果、評価が高くなっているのだとしたら、それはもう媚びではなく、その人のコミュニケーション能力として認めるべきでしょう。

他人の出世に嫉妬したり不満を持ったりするのは、気持ちとしては分かりますが、精神衛生面でいうとプラスになるものがありません。

自分の成長を妨げる要因にもなりかねないし、それよりも自分自身のプリンシプル、生き様、人生の過ごし方として、どうありたいかを見直すことのほうが大事なのではないかと思います。

上司にゴマをすって、また、仲間を蹴落としてまで偉くなりたいか。そうではなく誠実でありたいのなら、自分の出世も他人の出世も、そこまで気にすることではないはずです。

出世というのは運とタイミングで後からついてくるものとして、目の前のすべきことに集中しましょう。

38 不採用通知は神様からの「今はそこに行くな」というメッセージ

大学生であっても中途採用であっても、内定を取るのが容易でない時代になっています。面接後に立て続けに不採用通知をもらうと、落ち込んだり、自信を失うこともあるでしょう。

客観的な能力の問題ではなく、各々の企業特有のスキルや個性が求められるに過ぎず、究極的には「好み」の問題に終着します。しかし、不採用通知を能力不足の烙印《らくいん》ととらえるべきではありません。

かくいう僕も、これまで転職の過程で何度となく不採用通知を受け取っています。あまりほかでは話していないのですが、実はハーバードも2回ほど落ちており、合格は3度目の正直でした……。

僕は意に沿わない結果を受け取るたびに、このように考えることにしています。「今はそこに行くな」という神様からのメッセージなのだ、と。

企業側がどのように採用を決めているのか、ライフネット生命の中途採用を例にみてみましょう。

採用側で見ているところはまず、その人のポジションで要求される高い専門能力が備わっているかということ。中途採用が中核を占める企業なので、これは大前提となります。

そしてもう1つの採用基準は、第7項でも述べましたが、現場のみんなが一緒に働きたいと思うかどうか、ということです。そこには人柄や仕事観などいろいろな判断要素が含まれますが、大事なのは仕事に対するベクトルが、みんなと同じ方向を向いているかということ。なぜライフネット生命で働きたいのか。この会社がやろうとしていることに共感してくれているか。そういったことはとても重要なので、必ず確認するようにしています。

そして、**これは僕個人が重視しているポイントであり、他の役員とは意見が異なるかもしれないのですが――経営者の目線で僕がいいなと感じるのは「運のよさそうな人」です**。

運がいい人の周りには、運も人も集まってくる。経営者には、ゲンを担いだり風水に従ったりする人が多いのですが、僕の場合はスピリチュアルのようなもので人の運を見ているのではなく、「明るい人＝運のいい人」という図式で見ています。

これまでの経験則なのですが、明るい人で運が悪そうな人を見たことがないのです。つまりは周りにポジティブなオーラを発している人が、僕はいいと思っています。過去に中途の面接に来た女性の1人に、笑顔がとても気持ちのいい人がいて、すぐに「採用したい」と思ったこともあります。聞いてみれば彼女は大手生保で経験を積んだ後に、アフリカで教育支援のボランティアをしていたといいます。

個性的なキャリアを歩んできた人はなかなかいないと、ますます「ライフネットの仲間に加わってもらいたい」という気持ちに。現在彼女には、お客さまサービス部で働いてもらっています。

新卒採用は中途とは少し違う判断基準にしています。ほしいのは「自分の頭で考えられる人」です。放っておいても自分1人で生きていけそうな、人間としての強さを持つ人材です。

前述したように僕もいくつもの会社に面接で落とされてきましたが、結果的にはすべてそれでよかったと思っています。

ハーバード時代、一番行きたかった会社にも落ちましたが、もしそれに受かっていたら出口とライフネット生命を始めることもなかったし、今集まっている仲間たちと出会う機会もなかったでしょう。そう考えると、その時は残念な結果でも、必ずどこか別の場所にたどり着くように人生はうまくできているのだな、と思います。

不採用ならば、それは神様が「今はそこに行くな」と導いてくれているということ。道は必ず用意されているのです。

39 ビジネススクールとは、高級フィットネスジムに通うようなもの

ここ何年かの間、日本でもMBAブームのようなものがあって、多くのビジネス・スクールが設立されているようです。ハーバード経営大学院でMBAを取得した僕のところにも、MBAに関する取材依頼がよく来ます。

MBAに興味、関心を持っている主要層は、もっといいところに転職したい、今の会社で出世したいという、向上心旺盛な20代・30代のビジネスパーソンです。彼らから「海外留学を考えていますが、MBAは取ったほうがいいのですか?」とよく聞かれるので、ここでお答えしましょう。

まず皆さん、日本で立派だといわれている経営者を数人挙げてみてください。

孫正義さん（ソフトバンク社長）、柳井正さん（ファーストリテイリング会長兼社長）、三木谷浩史さん（楽天会長兼社長）、永守重信さん（日本電産社長）など。

この中で何人がＭＢＡを持っているかというと、三木谷さん1人だけです。日本の名経営者１００人を挙げたとしても、そのうちＭＢＡを持っている人は5人くらいしかいないはずです。

そう考えると、よい経営者、よい経営者であることと、ＭＢＡを持っているということは、必ずしも相関関係がないという結論に達します。

海外留学を考えている人には、よくこういう喩え話をします。

「僕が通っていたハーバード経営大学院はフィットネスジムのようなものだ。そこには最高の機材が揃っていて、最高のトレーナーが指導してくれる。周りを見ればマッチョな人ばかりだから、競争心も芽生えやすい。ただ、ジムの会費だけ払って、トレーニングもせず談笑ばかりしている人や、ジムに来なくなる人もいる。そんな人は当然、筋肉が付かない。ちなみに会費は2年間で１０００万円以上。自宅での筋トレや近所のジョギングならタダで、それ以上の成果を出している人もいる」

というわけで、ＭＢＡを取得することがその人のためになるかというと、その人の努力次第としかいいようがないのです。

よく、ＭＢＡが出世のパスポートと思っている人がいますが、それは幻想です。海外へ行くな、と言っているのではありません。行けば多くの素晴らしい出会いも待っています。ただ、「ＭＢＡでなくてもスキルアップはできますよ」と僕は言いたいのです。

今、目の前にある仕事を自分なりに楽しめるように工夫してみる。そこから発見できる仕事の魅力が必ずあるはずです。

chapter5

仕事とプライベートは分けるな

▶人生には仕事よりも大事なことがある。
プライベートが充実してこそ仕事も充実する

PRIVATE

40 ▼▼▼ 家族や恋人より大事な仕事はない

家族が病気だ。ペットが亡くなった。恋人と別れてしまった。

家族や恋人にかかわるプライベートな悩みを抱えていると、仕事に身が入らないこともあります。

それは、しようがないと思います。

家族や恋人よりも大事な仕事なんて、どこにもありはしないのです。プライベートでのつらい思いを忘れてまで仕事に集中するというのは、およそ不可能なことだと思います。

その時ばかりは、仕事の優先順位を下げてもいいでしょう。目いっぱい心配してあげて、いろいろと解決案を考えてあげて、家族や恋人のために時間を使ってあげるのが一番だと思います。もちろん、自分を癒すということも忘れないでください。

ただ、その場合にもマナーは重要です。仕事を放り投げて職場を出て行ってしまうのでは、さすがに周りの人が困ります。迷惑をかけてしまうことが分かっているのですから、仕事をしている仲間には早めにその旨を伝えておくことが必要になります。

病気の家族がいて仕事どころでないのならば、「家族が病気なので今日は家で看病させてください。遅れた分は必ず挽回します」と伝えておけば、周囲もそれに合わせた対応をしてくれるはずです。あなたの代理をつとめてくれたり、日程を考え直してくれたりということもあるかもしれません。

休むほどではないけれども、プライベートなことで気持ちが乗らないということもあるでしょう。理由をどこまで話すかはさておき、何も伝えないままでいると、仕事が進まず、上司からもいつか怒られます。プライベートと仕事の2つの悩みを抱えてしまうことにもなります。そうならないためにも、先に宣言しておくことが大事なのです。

僕の知人も若いころ、「昨日彼女にフラれたから、今日は何もできない」と同僚に宣言したところ、「そんな日もあるよな。今日は俺に任せとけ」とフォローしてもらえたそうです。普段から人間関係が築けていれば、同僚も迷惑をこうむったとは思わないでしょう。

周囲に宣言をして、「明日からは頑張る」と復帰の見通しを立てておくことで、仕事のことは一旦整理がつきます。その間に、心の整理をつけてしまいましょう。

困るのは、いつまでも引きずることです。仕事がまったく手につかない状況から脱したのであれば、今度は仕事に集中する努力をしてください。

どんなにつらいことでも、必ず時が癒してくれます。仕事に戻って忙しくしていれば、そのうち気がラクになるものです。ミーティングで人と話す機会を増やすとか、単純作業に没頭するとか、外出して外の空気を吸ってみるとか、そういったことをしているうちに、何事もなかったかのように元に戻ると思います。

41 ▼▼▼ 何かあった時のために「自家保険」を準備しておく

社会人10年目にもなると、いろいろと守るべきものもできているでしょう。そこで、大切になるのが保険。いつ、どんな保険に入ればいいのか。それにはまず、保険が何のためにあるのかということから考えましょう。

保険というのはそもそも、発生確率が低い事故で損失が大きいものに備えるものです。つまり、損失が大きくないものに対しては、基本的に保険に入る必要はないはずです。小さな損失に対しては、自分自身で備えることができるはずだからです。そして発生確率が高いものも、保険を頼りにすべきではありません。

なぜなら、保険というのは運営するための手数料が高く、発生確率が高い事象に備える手段としては決して効率的ではないからです。よく「2人に1人はがんになるので保険に入りましょう」というフレーズを見かけますが、がんになって100万円支払われるのだとしたら、その掛け金としてみんなで1人当たり50万円以上出さなくてはなりません。
発症率の低い、若いうちのがん保険は意味がありますが、年を取ってから入っても、掛け金が高いのであまり意味がありません。発生率が高いということは、誰にいつ起こってもおかしくないということなので、まずは自ら貯蓄をして備えるべきなのです。**「貯金をして備えましょう」というのが、正しいメッセージ**だと思います。

次に、死亡に備える生命保険が、誰のためにあるのかを考えてみてください。**その人の所得収入を頼りにしていて、その人の収入がなくなったら困る人のためにある**ものです。

つまり、扶養家族がいないのであれば、原則として入る必要はないはずです。

となると保険は結婚してからでも遅くはないのですが、共働き夫婦か専業主婦の家庭か、お子さんがいるかいないかで、その条件は変わってくるでしょう。共働きで配偶者が経済的に自立しているのであれば、入らなくてもいいかもしれません。専業主婦でお子さんがいる場合は、あなたが死んだら収入が途絶えてしまうので、入っておくべきだと思います。

生命保険とは別に、医療保険もありますが、日本は国民皆保険制度の国です。すべての国民が高い保険料を払って、健康保険に加入していることを忘れていないでしょうか。医療行為を受ける場合は、基本的にはこれで十分です。ただし、一部自己負担があります。これは本来は自分で払うべきものですが、医療費の自己負担が多くかかってしまうと不安だから、医療保険へのニーズがあります。ちょっとした病気や怪我は、普通に生活していれば誰にでも起こりうることです。

これに対して、保険に入るよりも、50万円、100万円と、ちょっとずつ貯金をしておいたほうがいいのです。

結局、一番いい保険は何なのかというと、それは自家保険、つまり貯金です。

何かが起こった時に備えてお金を貯えておく。これが一番だと思います。手数料も取られないし、引き出したい時にいつでも引き出せる。急にほしいものができたとか、急に子供にお金がかかるようになったとか、引き出し理由は問いません。保険に入り過ぎて、自分の貯金ができないというのは本末転倒。まずは何かが起こった時のための自家保険、つまり貯金をしておくのです。

まとめると、保険には3つあります。

生命保険、医療保険、貯金。

生命保険は扶養家族ができたら入りましょう。医療保険はどちらでもいいけれど、そもそも日本人はみんな、高い保険料を払って充実した健康保険に加入しているということを覚えておきましょう。そして何かあった時のためにいつでも引き出せる貯金を、１００万～２００万円、できるだけ早く備えておきましょう。

42 マンション購入は中古の割安物件を狙え

人生の中でもっとも大きな買い物は住宅です。30歳を超えると、将来的な住居の確保について考える人もいるでしょう。

これも最近は、買うのがいいのか、借りるのがいいのか論争があり、なかなか自分では決められないという人が多いようです。気楽な賃貸か、夢のマイホームか。不動産というのはそうそう買うものではないので、基礎知識がほとんど皆無の一般人にはいろいろと心配も多いでしょう。

僕も買うのがいいのか借りるのがいいのかを一度真剣に考えて、自分で調べたり先輩に相談したりしたことがあるのですが、結果、この問題には正解がないのだということが分かりました。

それぞれメリットとデメリットがあまりに大きいために論理的に答えを導くことが困難

で、最終的にはその人の好き嫌いで決めるしかなくなるからです。つまりは趣味と一緒です。結局、賃貸だろうとマイホームだろうと、気に入ったところを割安で見つけられればそれがいいのです。

というわけで、買うか借りるかという論争は終わらせて、買う場合はどういう基準で選べばいいか、ということを考えてみましょう。当然のことながら、物件は割安で買いたいものです。そのためには、「自分はここは気にならない」といった妥協点をあらかじめ用意しておくことが必要です。

築年数、広さ、駅からの距離、日当たりなど、人によって優先順位は違うので、妥協点も人によって異なります。僕の場合は古くてもあまり気にならないので、築35年の丈夫そうなマンションの部屋を安く買ってリフォームしました。駐車場がない、エレベーターがないといった一般的な減点材料も、自分たちには関係ないので、それも割安で買える材料となりました。

どこで割安感を得られるかもその人の好みによります。

僕は日当たりにはこだわりましたが、これも気にならないという人もいるでしょう。そもそも、部屋の向きで値段が変わるというのは日本独特のようで、割安な西向きや北向きの部屋は日当たりが悪くても気にならない外国人には人気のようです。

物件の値段というのは、不動産市場の中でうまくバランスが保たれているので、欠陥住宅などでない限り、損した、得したということはあまり起こりません。どの物件も値段相応、それなりなのです。

ですから、不動産市場の中での割安物件というのは、自分の好みの妥協点によって生み出すほかありません。

43 ▼▼▼ 睡眠だけはしっかりとれ

社会人生活を続けていると、残業や飲み会で帰宅時間が遅くなったり、テレビを観ていて夜更かしをしたりと、生活が不規則になることが多々あります。

十分な睡眠時間もとれず、食事のバランスも取れない状態だと、仕事で十分な力を発揮することはできません。こういった人からは、クリエイティブなアイデアが生まれてくることはないでしょう。早くこの状態から脱したいものです。

ところが厄介《やっかい》なことに、一旦身についてしまった不規則な生活は、なかなか元に戻すことができません。中には「仕事が終わらなくて徹夜しちゃったよ」と自慢する人もいるのですが、決して褒められたものではありません。納期直前など、時には徹夜しなければならない状況もあるでしょうが、常態化しているようだと、考えものです。徹夜したからといって、いいものができるとは限りません。むしろ、悪影響のほうが心配です。

ではどうすれば、不規則な生活に終止符を打つことができるのか。
簡単なことです。早く寝ればいいのです。これだけで、だいぶ変わります。
早く寝るためには、睡眠以外の時間を減らして睡眠にあてるしかありません。テレビを観たりゲームをしたりして寝る時間が遅くなるというのは論外ですが、仕事や飲み会、勉強に費やす時間を削ってでも睡眠にあてるべきだと思います。休むことも、社会人としては大事な仕事だからです。

例えば野球のイチロー選手が、前の晩に飲みすぎて打てなかった、とか、朝まで素振りをしすぎて打てなかった、などということはありません。一日一日が真剣勝負だから、コンディションをしっかりと整えた状態でバッターボックスに立っています。

あれだけの才能を持つイチロー選手ですら、体調管理には万全の注意を払っているのです。超一流の人がそこまでやっているのに、超一流でない人が体調管理すら怠っているようでは、永遠にその差は埋まりません。

「そりゃ、イチローみたいなスポーツマンは特別だよ」

と思う人もいるかもしれません。しかし、われわれのようなビジネスパーソンだって同じです。オフィスは、言い換えれば球場。あなたも打席に立ってパフォーマンスを発揮することで、給料をもらっているのです。

漫然と過ごしているとつい忘れがちですが、最高の状態で仕事に臨むことは社会人として最低限のこと。それができない人が成功することはないといっても過言ではありません。自ら意識をして体調を整えることは、仕事をしていくうえでもっとも大切なことだという認識を持つべきです。

そう考えれば、**寝ることも仕事のうち**だということが分かってくるかと思います。**仕事をして余った時間で休むのではなく、休む時間をしっかりとったうえで働くように、少しずつ睡眠の位置づけを変えていきましょう**。

時間は無限にはありません。どんな優秀な人にもそうでない人にも、どんなお金持ちの人にもそうでない人にも、一日は24時間しかありません。時間が無限にあれば、いつ寝ていつ起きても構わないと思いますが、有限であるからこそ、寝る時間はいつも決めておくべきです。その時間になったら、読書や勉強もキリのいいところでやめて、休むことに専念しましょう。それを徹底するだけで、ほとんどの人は不規則な生活から脱することができると思います。

僕の場合、どんなに忙しくても、0時～1時の間には寝るようにしています。すると朝の6時台には目が覚めます。新聞を読んだり、軽くランニングをしたり、朝食をとったりして、9時前には出社する。そんな生活をしています。

夜はしっかり寝るということを徹底しているので、昼間もベストの状態で仕事ができますし、不要な残業をすることもなくなります。ご飯もおいしく食べることができます。

睡眠の優先順位を下げてまで仕事を頑張っても、いつかは体調を崩してしまいます。これまでやってきたことが水の泡になったり、与えられたチャンスをふいにしてしまったり、最悪の場合は仕事を休まざるを得ないことだってあるでしょう。

そうならないためにも、しっかりと寝て、規則正しい生活を送ることが大事なのです。

44 ▼▼▼ ランニングは「寒すぎる日は走らない」くらいのほうが長く続く

せっかく目標を立てて新しいことを始めたのに、三日坊主で長く続かないという人は結構いると思います。僕もそのタイプです。

でも、僕は**三日坊主だっていい**と思っています。3日で続かなくなったら、また新しい三日坊主を始めればいいのです。いろいろなことを始めるうちに、そのうち3日以上続くものが見つかるはずです。僕が今、新たな習慣として身につきつつあるのは、朝のランニングです。

経営者にはランニングをしている方も多く、自分も走ったほうがいいのかなと気にはなっていたのですが、僕は、短距離を走るのは得意でも長距離は苦手。始めるきっかけをなかなかつかめなかったのですが、ちょうどいいタイミングでライフネット生命でもランニング部が立ち上がり、僕もそれに参加するようになったのです。

始めてみると、早速効果が現れ始めました。汗をかくことで体も気持ちもスッキリして、頭が冴えて仕事がはかどるのです。特にお酒を飲みすぎた翌日にはデトックス効果があるようで、体が軽くなるのを感じます。今は週1～2回、皇居を1周して、それができない場合は自宅の周りを3～4キロ走っています。

ランニングのいいところは、無理せずに自分のペースでできることです。競争するわけではないので速く走る必要はありませんし、休んでも誰かに迷惑をかけることもありません。それに僕は、あまりにも寒かったら休みますし、頑張りすぎないようにしています。ただ、モチベーションの維持や、監視の目はある程度必要なので、こういったクラブ活動に参加したり、走った距離と時間を計ってツイッターに記録するなどしています。こうして記録に残しておくというのも、ある意味、簡単にはやめられないようにするための「仕組み化」です。

ランニング以外に最近始めたのがヨガです。これも会社のヨガ部に参加しています。ヨガは呼吸法によって体内の血液のめぐりをよくする効果があります。今まで僕はヨガなんてやったこともないし、呼吸法も血液の流れも気にしたことがないのですが、始めてからは血色もよくなり、風邪を引きにくい体になりました。

激しいスポーツは働きながら継続することが難しく、怪我をするリスクもありますが、こうした軽い運動なら誰でも続けることができます。第43項の睡眠の話にも書いたように、最高のパフォーマンスを発揮するためにはこうした運動も欠かせません。時間がないことを言い訳にしてなかなか始められない人も多いでしょうが、仕事が効率的になること、パフォーマンスが上がることなどを考えると、長期的にはメリットのほうが大きくなるはずです。

このように、新しいことを始めてみると、三日坊主の人でもそのうち続くものが見つかります。どんどんチャレンジしてみてください。

45 ▼▼▼ より速く安全に走るため、自分の体を定期点検に出しておく

歯科医の友人からこんなことを言われました。

「35を過ぎたらこれまで健康的な歯だった人も少しずつガタが来るから、定期的に診てもらったほうがいいよ」

自分はまだ若いつもりだったので、「もうそんな歳なのか」とちょっとしたショックを受けました。

歯の噛み合わせはスポーツ選手にとって力を発揮できるかどうかを決める体の大切な要素です。僕たちビジネスパーソンにとっても体調などに大きな影響を与えます。

友人の助言を受けてから僕は、**3カ月に1回は定期的に歯医者に行って、歯のクリーニングをしてもらう**ようにしています。日ごろのブラッシングをどれだけ頑張っても落ちない汚れがあるようで、それを特別な器具で落としてもらいます。これは同時に虫歯の予防

にもなります。時間もかかることなので、最初はすぐに行けなかったのですが、今はもうあらかじめスケジュール帳に「歯医者の日」を入れておいて、忘れずに行くように「仕組み化」しています。

歯のメンテナンスに気を遣うようになってからは、月に一度、マッサージにも行くようになりました。

歯医者よりお金がかかり敷居は高いですが、1カ月間頑張った自分の体へのご褒美、ねぎらいのつもりで行ってみることをお勧めします。体の血のめぐりをよくするという意味ではマッサージは決して道楽などではなく、大切な体のメンテナンス行為です。疲れが癒されると同時に、体のどこが悪いのか、それは普段の姿勢が悪いからなのか、といったこともチェックできます。

これはいうなれば、レーシングカーを定期点検に出すようなものです。僕たちの体は日ごろさまざまなストレスを受けて、必ずどこかが傷《いた》んでいます。特に男性は女性に比べて体のことに無頓着で、自分の健康状態については「なんとなく」といった程度にしか分かっていません。「実はもうガタが来ていた」と手遅れになる前に、プロのメンテナンスを受けずにいると、クラッシュの危険が高まります。より速く、安全に走るために体の定期点検は必要なことなのです。

健康は何ものにも代えがたいもの。長く健康的に働くための自分への投資、必要経費です。体のメンテナンスが終わった後は、気分爽快です。定期的にそういった精神的な向上効果を味わうことは、仕事のモチベーション持続にもつながります。

46 ▼▼▼ 仕事とプライベートの境を持たないほうが平日も楽しめる

働いている人の中には「オフの時まで仕事のことで頭がいっぱい」という悩みを抱えている人もいます。「どのように切り替えていますか?」と聞かれることがありますが、この悩みを解消する方法としては、楽器を弾いたり、映画鑑賞やスポーツなど、仕事のことを忘れられる趣味をつくるのが一番だと思います。月曜日から金曜日までのパフォーマンスを最大化するためには、気分転換はとても大切です。

とはいっても、「僕の場合はそうではない」という但し書きが付きます。酒に酔いながら深夜のジャズバーで好きなピアノを弾いていることもありますが、それは気分転換のためにではなく、ただ楽しいから弾いているだけです。普通の人と違うのは、**「早く週末にならないかな」とか「今度の3連休どこに行こうかな」と考えたことがあまりない**ということです。僕は平日は仕事が楽しくてそれに没頭しているので、休日のことをあまり考えることがありません。休日でも出社していますし、セミナーで講演をしたり、ダボス会議に出席するため海外に滞在していることもあります。

たまに「岩瀬さん、すごく忙しそうですね」と言われることもありますが、僕にとっては今の適度に負荷がかかっている状態が心地よいという感覚です。保険のことだけでなく、こうやって多岐にわたる仕事をしながらさまざまな人に会えることは、自分の性に合っているのだなと思います。

そういう意味では僕はいつも仕事のことしか考えていないというか、**仕事とプライベートの境目があまりなく、しかし、自分の好きなことをやっているので苦になることもありません。**スポーツも社内の運動部でやっていますが、それだってプライベートとも仕事とも区別はつけていません。仕事が終わった後に体を動かすのが楽しいという意味ではプライベートだし、体力をつけるのも仕事のうちだと考えれば仕事になります。

平日が楽しいというのは、社員も同じだと思います。なぜなら、「はじめに」でも述べましたが、ライフネット生命は新しい会社にもかかわらず、フットサルやランニングなど、すでに8つのクラブがあるからです。楽しい会社であることの、1つのバロメーターなのではないかと思います。

以前僕が、社長の出口に「会社を経営してこれまで一番よかったことってなんですか？」と聞いたところ、出口は「社内に運動部が8つできたことだ」と言いました。僕はその返答を理解できなかったのですが、今になってみるとその言葉の意味が分かるような気がしています。切磋琢磨しながらオフの時間もともに過ごせる仲間と一緒であれば、必ずいい仕事ができる。そのプラットフォームをつくることができたことが、出口にとっても嬉しかったのでしょう。

オンとオフの切り替えができずに悩んでいるのであれば、まずはオフの時間を目いっぱい楽しめるだけの趣味をつくるのが一番。ただし、僕はある時期においては、**猛烈に仕事に没頭する時期があってもいい**と思います。**寝ても覚めてもずっと仕事が頭から離れないほど没頭できるというのは、実はチャンスなのです**。一生のうちそうそうあることではなく、その時に自分の限界値を高めたり、大きな経験を積むことができるので、そういう機会を見逃さないようにしましょう。ただしその時でも、食事と睡眠だけはしっかりとるようにしてください。

47 ▼▼▼ 携帯を置いて、手帳を持って外に出かけよう

スマートフォンの普及で、一日中ネットに接続している状態となっているビジネスパーソンが増えています。フェイスブックやツイッターなどを駆使して、情報収集や情報共有に勤《いそ》しんでいる人も少なくないでしょう。便利な世の中になったことには違いありませんが、実はそれと引き換えに大事なことを見失っているという自覚はあるでしょうか。

最近、ウィリアム・パワーズという人が書いた『つながらない生活』（プレジデント社）を読んで、まさにそういったことに気づかされました。現在、私たちの生活には情報が氾濫し、常に外部とのつながりを求める、あるいは与えられる時代になっています。そんな中で私たちは、**自分の内面と対話する機会をあまりにも疎かにしているのではないか**。この本ではそんなことを考えさせられるのです。

この本が面白いと思ったのは、ネット時代の今だけを切り取っているのではなく、ギリ

シア時代やローマ時代にまで遡《さかのぼ》って検証していることです。考えてみれば、情報革命はネット時代だけでなく、ヨハネス・グーテンベルクが活版印刷術を発明したルネサンス期などにもあったわけです。いつの時代も新しいテクノロジーによって文字と情報が氾濫《はんらん》し、人々は自分の内面世界と切り離されそうになりました。

しかし時代の賢者たちがその都度、いかにしてその内面世界との対話を保つかという努力をずっとしてきたのです。シェイクスピアの『ハムレット』には比喩的に手帳が登場しますが、それは手帳が自分の内面世界との入り口になっているということを示唆しているのだそうです。

現代に生きる私たちも、外部との「つながり」があるために忙しい毎日を過ごしています。

でも**それをどこかで遮断して、静寂の中で自分の内面と対話する時間をつくっておく**と、より豊かな時間を過ごすことができるのではないでしょうか。

僕はそんな時間をつくるべく、**休日は携帯電話を持たないで出かける**ようにしています。副社長という立場なので丸一日情報を遮断することはできませんが、映画を観に行く時やちょっとした買い物に出かける時は財布と手帳だけを持つようにしています。

この**手帳というのがミソ**で、自分が感じていることや思いついたアイデアなどを、ただ書き記すだけで自分の財産にすることができるのです。これは備忘録やネタ帳にもなるし、後から見て「自分はこんなことを考えていたのか」と振り返ることもできます。会社にいる時にも手帳はフル活用します。僕は仕事中、メールをこまめにチェックするほうなので、携帯電話よりも手帳を近くに置いておくことで、意識的にネットとは切り離した状態をつくり出す工夫をしています。

つながらない生活を意識的にするようになってから気づいたのですが、ネットとつながってばかりいると、情報はどんどん入ってきますが、自分のことについて考える時間が不足します。今年1年どうやって過ごそうか、といったことを考えるのも、生きていくうえでは大切なことであると感じるようになりました。

chapter6

目的地までの旅を楽しくする

▶一度しかない人生。
挑戦を続ける人の仕事は常にエキサイティング

CHALLENGE

48 ▼▼▼ 「少し危険だけど面白い手」を打ってみる

いいアイデアや才能を持っているのに、一歩を踏み出す勇気がない。そんな人が世の中には数多くいると思います。

皆さん、「リスクを取る」ということを「危険なこと」と思われている人もいるかもしれません。

失敗したらどうなるかということばかり考えていたら、誰だってリスクは取れないものです。しかしリスクを取るということは、特別なことではありません。もっと当たり前に行われることで、前に進むためには不可避なものなのです。

頂点を極めてからも、リスクを取り続ける人だっています。

2年ほど前、雑誌の対談企画で、将棋棋士の羽生善治さんとお会いする機会がありました。

羽生さんといえば、今さら僕が説明するまでもない、将棋界の超一流棋士です。15歳でプロになってから数々のタイトルを手中に収め、25歳の時に史上初の7冠独占を達成。その後現在に至るまで、常にトップの実力を保持しながら将棋界を牽引しています。

僕は少年時代、チェスに嵌《は》まっていたことがあって、小学校6年生の時には当時住んでいたイギリスの大会で上位入賞するなど、ちょっとした腕自慢でした。将棋とチェスはルーツが同じこともあって、将棋界のプリンスとして次々に快挙を成し遂げていく羽生さんを羨望のまなざしで見ていました。有名な話ですが、羽生さんはチェスの実力者でもあり、それを知ってからはますます憧れの存在となったのです。

そんな羽生さんと初対面した時はとても緊張しましたが、対談の中で印象に残っているのが、「多少のリスクがあっても、いろいろやってみるほうが僕は楽しい」という言葉です。

羽生さんは、その対局で勝利にもっとも近い手を打っているわけではなく、意識的にリスクを取って「少し危険だけど面白い手」を打っているというのです。極限の世界で競っているプロの対局は、少しのミスも許されない世界だと思っていたので、羽生さんがそのような意識を持っていることには驚かされました。

将棋の世界も、今はネットで共同研究が進められる時代。日々、プロとアマの実力者たちが新しい戦法の研究を重ねています。誰かが新しく戦法を生み出すと、それはあっという間にネットで広まり、それと同時に解析・攻略も進んでいきます。新戦法も、あっという間に古くなってしまうのだそうです。

羽生さんがいくら天才だといっても、戦法の研究においては「集合知」には及ばないと思います。それでもトップに居続けられるのは驚異としかいいようがありませんが、きちんとした理由もあるのです。

それは羽生さんが常に他人よりも新しい手を考え、勝つ確率が多少下がっても未知の領域に自ら飛び込んでいくからこそ。必要に迫られてそうしているというよりも、「僕もそのほうが楽しいから」と言うのですから、やはり只者ではありません。

僕は羽生さんの話を聞いて、自分の仕事にも同じことがいえるのではないかと思いました。**いつも同じやり方では、必ずどこかで行き詰まる。それより何より、結果が分かりきった方法でやるのは、僕だって楽しくない。**

だから**少しだけリスクを取る。同じ仕事でも、ちょっとした冒険をしてみることで楽しくなります。**

例えば、いつも同じ顧客ばかり相手にしていても、リスクを負うことがない代わりに、そこから他の新しい顧客も見えてきません。

逆にリスクを取って、これまで自分たちが目をつけていなかった顧客を獲得しに行ったとしたらどうでしょう。新しい顧客ニーズに気づくこともあれば、自分たちがどれだけ狭い世界でがんじがらめになっていたのかと気づくこともあるはずです。

ルート営業や単純作業の多い仕事をしている人でさえ、ちょっとした「リスク」で仕事は楽しくなるはずです。「あの顧客には今度こんな話をしてみよう」「この作業にはもっと効率的な方法があるに違いない」「こうするとどうなるんだろう」「こうなるといいな」。そう考えていれば退屈することはないし、発想力が高まって大きな企画を思いつくことだってあるかもしれません。

羽生さんも、「すでに知られている手ばかり打っていると、そのうち新しい発想ができなくなる」とおっしゃっていました。頭が凝り固まる前に、いろいろな発想を繰り返すことが大事なのだと思います。

リスクを取ることで、時には失敗することだってあるかもしれません。でも、それは必ず将来の糧になるはずです。いくら羽生さんでも全戦全勝することなんてありえません。

リスクを取って負けることもあるから、目の前の1勝よりも10年先の1勝、2勝、3勝をつかむことができるのでしょう。ビジネスでも目先の利益ばかり追っていては、必ず足元をすくわれます。

リスクを取る勇気がないという人は、むしろそのことが将来の自分にとってマイナスになるのだという考え方にシフトしてはどうでしょうか。アイデアや才能を試さずに、そこで停滞していることのほうがリスクが高いことだってあるのです。

49 ▼▼▼ 海外では肩書きよりも中身。自分の主義主張を示せ

心臓に毛が生えている人はともかく、普通の人は自分より偉い人の前では萎縮してしまいます。

しかしビジネスにおいては、そういった人の前でも堂々としていることがとても重要です。例えばプレゼンをする際、発言者がおどおどしていては失敗してしまいます。

度胸の鍛え方、それは場数を踏むこと。これ以外に方法はありません。

最初は失敗しても問題ありません。度胸のない人でも、「慣れ」で何とかなることがほとんどです。スポーツ選手のインタビューなどを見ても、最初から堂々としていられる人はほとんどいません。実績を積み、お立ち台に上がる回数が増えるにつれ、堂々としてくるものです。

度胸と並んでもう1つ重要なのは、自分の考えをしっかりと持っておくことです。

日本人は自分の主義主張を控えめにしがちです。「出る杭は打たれる」といわれるくらいですから、そうなってしまうのも仕方がないのかもしれません。

しかし**世界で仕事をするうえにおいて、自分の考えをはっきりと述べるということはとても重要**です。その**意見が正しいか否かは、気にする必要はありません**。よくないのは、自分の意見を持っていないということだからです。

僕はダボス会議で、世界の保険業界のトップが集まるランチョンセッションに招待されました。行ってみると、８人しかいませんでした。ただ、その面々が大物ぞろいなのです。

ＡＩＧの会長、プルデンシャルのＣＥＯ、スイス・リーのＣＥＯ、ミュンヘン再保険の会長、アメリカの保険監督者機構長官など。そこにどういうわけか僕が交ざってしまったのです。年齢も50代、60代の人たちが集まる中で、僕だけが30代でした。

少し前の僕なら、きっとおじけづいていたでしょう。でもそのころには、何度かの国際会議への参加経験を得て、「こういう場では肩書きよりも主張の明確さで評価される」ということを実感していたので、落ち着くことができました。そしてその場で、これからの保険業界はこうでなければならない、と述べたのです。すると、参加者が話をとても面白がってくれて、まるでスタンディングオベーションのような形で拍手をし、彼らの仲間入りをさせてくれたのです。

堂々と自分の持つ骨太の意見をクリアに伝えていけば、どんな人でも必ず受け入れてくれる。そんな土壌があるようです。逆に日本人の経営者が海外の会合に参加してもほとんど通用しないのは、その人が肩書きありきだからではないかと思いました。

これから日本でも、自分の主張をもって、堂々と議論する風潮が芽生えてきてほしいと思います。そうなれば、海外で活躍する日本人も増えるはずです。

自分よりも経験豊かな経営者の前で堂々としゃべることができたら、とても気持ちのいいものです。ぜひ、自分の意見を述べるための場数を踏んでみてください。

50 ▼▼▼ 一度きりしかないかけがえのない人生をどう過ごすか

本当はやりたいことがあるのに、思い切った一歩が踏み出せない。そんな人には次の言葉を贈りたいと思います。

"Tell me, what is your plan to do with your one wild and precious life?"
（さあ、教えてください。一度しかないワイルドでかけがえのない人生をあなたはどう過ごすつもりですか？）

この言葉は、ピューリッツァー賞を受賞した詩人、メアリー・オリヴァーによる詩の一節です。ハーバードのカフェテリアの壁に貼られていたので、よく目にしていました。一度社会に出たのちに再びキャンパスで学ぼうと集まった学生に対して、学校側が問いを投げかけているのだろう、と僕は思いました。

この言葉に何か惹《ひ》かれるものはあったのですが、実をいうと僕は、この問いに対する明確な答えを持っていませんでした。

そんな時に出会ったのが、「はじめに」でも述べた谷家衛さんです。彼はブログを読んで僕のことを知り、接触してきました。僕に起業をさせたかったのです。複数の投資ファンドからビッグオファーをもらいながら、どこか納得できていない僕の心を見透かしたように、彼はこう言いました。

「人生は一回きりしかない。君にしかないユニークな個性とエッジを活かした生き方をしてみないか?」

キャンパスで見ていた詩の一節がよみがえります。

――一度しかないワイルドでかけがえのない人生――。

あの詩と谷家さんの言葉がシンクロし、僕の心を揺さぶりました。そうだ、自分がやりたいのは安定した大企業の仕事なんかじゃない。ベンチャーの起業なんだということをここで再確認したのです。

そもそもハーバードの中には、「安定した大企業に行くのは格好悪い」という風潮があり、僕もそう思っているところがありました。どんなにちっぽけなベンチャーでも、社会を変えることが格好いいんだ、という思考回路なのです。

ぜひ皆さんも、この問いかけに自分がどういう答えを出すのか考えていただきたいと思います。僕のように今は明確な答えがなくても、考え続けることでいずれ大きなきっかけが訪れるはずです。

51▼▼▼「海軍に入るより海賊になれ」

なぜ、ハーバードではベンチャーがよしとされるのでしょうか。
アップルコンピュータの創業者としてカリスマ的な支持を得ていたスティーブ・ジョブズ。彼がこんな言葉を残しています。

"Why join the navy if you can be a pirate?"
(「なぜ海軍に入るんだい？　海賊になれるっていうのに」)

これはまさに、「ベンチャーやろうぜ」というメッセージそのものなのだと思います。
一生懸命勉強をして、いい大学を出た人たちが目指す就職先は、大企業や国家公務員などといったところです。しかしジョブズからすれば、それはもったいないというのです。そういった就職先というのは、安定はしていますが組織の中にはレールが敷かれ、そこでやれることはだいたい決まっています。つまりそれは、軍隊にいるのと変わらないということ。大海原を航海するのには、海軍なんかよりも海賊のほうが楽しい。ジョブズはそう言いたかったのではないでしょうか。

僕も学生時代から同じことを思っていました。大きな会社より小さな会社で働くほうが自分は好き。最初に就職したボストン・コンサルティングは80人くらいでしたし、当時はコンサルタントの仕事も今ほど知られたものではありませんでした。その後転職したインターネットキャピタルグループは5人、リップルウッドも15人くらいで、ライフネット生命にいたってはスタートは出口と2人です。

大企業や、ベンチャーといってもすでに大きくなった会社に行っても、5年後、10年後の自分が予想がついてしまいます。それよりも、先は見えなくても小さな会社で働き、会社と一緒に自分が成長することが有意義ではないか。僕はそう考えたわけです。

52 転職をするなら地方に行け

社会人10年目にもなると、自分の能力を今までよりレベルアップしたステージで発揮してみたい、と思いを馳せる人もいるでしょう。

今の会社じゃ給料が安い、物足りない、と不平不満にとらわれている人もいます。多くのビジネスパーソンがさまざまな理由で転職先を探していますが、このご時世、なかなか希望通りの転職先は見つからないようです。その理由の1つには、求職する人たちの視野が狭くなっているからではないかと思います。

以前、ライフネット生命の新卒採用サイトの企画で星野リゾート社長の星野佳路《よしはる》さんと対談させていただいたのですが、その時に面白いことをおっしゃっていました。**「地方には本当にたくさんのポテンシャル、若い人の活躍のチャンスがある」**と。転職先を探すなら、地方に行ったほうが今はチャンスが多いというのです。

今の若い人たちは、東京の大企業で働くのが一番いいことなんだという思い込みがあります。実際はそんなことはなくて、地方の中小企業にもいい会社はたくさんあります。にもかかわらず、会社の規模、働く場所にこだわるがゆえ、わざわざ選択肢を少なくしてしまって、自分の可能性を狭めてしまっている。もったいないことだと思います。

星野さんの話では、**地方の会社は若い人に来てほしくてたまらない**のだそうです。給料の面では劣るかもしれませんが生活費は安く済みますし、何よりも自分が活躍する場所を求めているのならば、地方での転職に挑戦するという選択肢も十分考えられるはずです。もっといえば、日本の企業にこだわることもない。海外に目を向けたっていいのです。

就職先の選択肢として地方にも目を向けるようになると、自分が限られた知識、限られた範囲でしか仕事選びをしていないことに気がつくと思います。自分がまだ知らないところに、いい会社はたくさんあるはずです。条件を緩やかにして定義を大きく広げれば、自分に合った転職先も見つかりやすくなるでしょう。

要は宝探しと一緒ではないかと思います。

みんなが気づいていないところを探す。そう思うと、ちょっとワクワクしませんか？

働くうえで、そういったワクワク感があるというのはとてもいいことです。最初にも書きましたが「何をやるか」はどこの会社に行っても大して変わりません。それよりも優先すべきは会社の雰囲気や理念、社長のキャラクターなど、自分のモチベーションを高められるものがその会社にあるか、ということです。

想像もしないところまで網を広げれば、チャンスはまだまだいっぱいあります。そのことを念頭に置いて転職活動を進めてみてはいかがでしょうか。

53▼▼▼ 世界に飛び出すなら、今が「やったもん勝ち」

最近、講演などで「海外で仕事をしてみたいのですが、必要なことは何ですか?」と聞かれることがあります。ライフネット生命は海外進出も視野に入れていますが、今後、海外支社で活躍する若者、海外で起業するという若者がもっと出てくるべきだと思います。

「世界に飛び出す」というと、欧米を思い浮かべて「ハードルが高いな」と思う人は多いでしょう。でも、アジアで考えてみたらどうでしょうか。

中国、韓国、台湾、東南アジア。そういった国ならば、地理的にも文化的にも近い。日本は経済が低迷しているといわれますが、それでもGDPは世界3位ですし、アジアの中でもまだリーダー的なポジションにいます。「日本人とビジネスをしたい」という人たちは多いでしょう。

今、**世界のヒト、モノ、カネの流れが、西洋から東洋に戻って来ている**といわれています。「世界」という定義を欧米からアジアにも広げることでチャンスも広がり、そこに飛び出していく人の人生の可能性も何十倍にも広がるのではないかと思います。

このまま日本の国内市場の中に閉じこもっていても、グローバル経済での競争に勝つのは困難に違いありません。日本の人口は1億2800万人（2010年国勢調査）で、減少傾向にあります。それに対して世界の人口は昨年、70億人を突破しました。

40億人近くが暮らすアジアは、世界最大の供給基地であり、消費市場です。そんな場所が、すぐ近くにあるのです。「やったもん勝ち」の世界なのに、指をくわえて見ているのはもったいないと思いませんか？

いろいろと障害はあるでしょう。その最大の壁となるのは言葉に違いありませんが、恐れることはありません。前にも書いたように、共通語となる英語のスキルは、時間をかければ誰でも身につきます。アジア人の英語はネイティブイングリッシュではなく、外国人が話す下手な英語なので心配いりません。

語学に加えて大事なことをもう1つ挙げておくと、**世界状勢と課題について、自分なりに考えて、自分なりに意見を持っているということ**です。海外にいると、そういうことを突然聞かれることが結構あります。「僕はこの問題についてこう考えているけど、君はどう思うんだい?」と。

日本にいると、社会問題について議論することは避けたがる、あるいはほかの人の意見に同調するようなことが多いのですが、海外では目の前の相手と意見が真っ向から対立しても構わないのです。むしろそこで自分の意見が言えるかどうかを見られています。

54 ▼▼▼ 人生は大陸を横断する旅のようなもの。早く着くことが目的じゃない

最初に紹介した言葉、Knowing "Just Enough" (これで十分、満足したことを知る) の真の意味を模索していたハーバード時代、僕はこんなことを考えていました。

留学する前の自分はいつも生き急いでいるというか、早く次のところに行きたいという気持ちがあったのではないだろうか。

司法試験の勉強をしていた時も早く受かりたいと思っていたし、ボストン・コンサルティングに入社してからは早くマネジャーになりたい、早く留学したいと思っていました。

常に不安定な状態で、いつも道半ば――。

そんな時にブログを書いたり、仲間と議論したりする中で、僕はあることに気がつきました。

キャリアというのは、大陸を鉄道で横断する旅のようなものではないか、と。

A地点からB地点まで早くたどり着きたかったら、飛行機に乗れば済むことです。でもその旅程は本当に楽しいものかというと、違います。それよりも大陸横断鉄道に乗って、車窓から風景を眺めながら、外から入ってくる草木の匂いを吸い込んだり、風の音や人々の声を聞いたり、たまたま同乗した人と会話をするような、そんな旅のほうが楽しいのではないかと思ったのです。

つまり**目的地に早く着くことが人生の目的ではない。目的地までの旅を楽しむことこそが人生の目的なのではないか**ということです。

ライフネット生命はまだできたばかりの小さな会社で、上場企業の仲間入りはしたものの、目指しているところのまだ100分の1にも達していません。それでも「早く会社を大きくしなければ」と焦るのではなく、会社が成長していく過程、自分が成長していく過程、仲間が成長していく過程そのものを楽しんで、今はそれを噛み締めているという感覚を覚えています。

A地点からB地点に早くたどり着くことが目的なら、じゃあ次はC地点、D地点と、どこまで行っても次の目的地を探しているだけ。それはまさに、足ることを知らない状況。いつまでたっても幸せにはなれません。

多くの人に出会ったり、さまざまなジャンルの本を読んだり、映画を観たり、文章を書いたりしているうちに、人生とはそういうものではないと気がつきました。悩みながら、もがきながら、苦しみながら歩んでいく道程《みちのり》の中に、喜びや、楽しさや、生きがいがあるのではないかと思っています。

今、自分はその旅の途中にいるのだと思うと、胸が熱くなります。

55▼▼▼ 一日一日を無駄にせず生きる

僕はよく、講演の最後にこの言葉を紹介しています。キャリアに悩む若手ビジネスパーソンすべてに贈りたい言葉です。

"Dream as you'll live forever, live as if you'll die tomorrow."
(「永遠に生きるように夢見て、明日死んでもいいように生きる」)

これは、僕の人生訓にもなっているものです。前半の部分は、夢は大きければ大きいほどいい、たくさんあればあるほどいい、永遠に生きても尽きないほどの夢を持って生きようという意味。

後半部分は、明日死んでもいいように今日を全力で生きようという意味です。刹那《せつな》的にその日暮らしになってはいけませんが、人生はいつ終わるか分かりません。この言葉の前半部分と後半部分、どちらが大事ということはなく、両方とも大事。僕は一回しかない人生、このようにして悔いなく生きたいと思っています。

2011年10月にアップル創設者のスティーブ・ジョブズが亡くなった時、すぐに第31項でも記した彼の自伝が出版されました。それを読みながら思ったのは、人間の価値は死ぬ時に決まるのだな、ということです。

例えば僕が死んだ時に、実際に出版されるかどうかはさておき、『岩瀬大輔物語』なる本が出るものと想像します。その本が自分の子や孫に語り継がれるならば、自分の人生には意味があったのだと思います。

ジョブズほどの人間だから一冊の本になったのではありません。一人ひとりの人生には、大なり小なりの物語が必ずあります。その物語がどんな本になるのか想像しながら、その中の1ページとなる一日一日を無駄にせず生きることが大事なのではないかと思います。それぞれの人生はドラマチックになるはずで、そうしなければなりません。

今の自分は、何章目あたりを生きているのか、その物語はこれからどうなっていくのかと想像しながら過ごしていると、人生はもっとエキサイティングになるのだと思います。

おわりに

2011年5月に上梓した『入社1年目の教科書』（ダイヤモンド社）は、多くの方に読んでいただき、10万部を超えるベストセラーとなりました。「遅刻はするな」「メールは24時間以内に返信せよ」など、基本的なことばかりを書いた1冊なのですが、それが多くの人の共感を呼んだのも、仕事をするうえでのプリンシプル（原理原則）のようなものが求められているからだと思います。その後、「新人だけではなく、入社して10年くらいが経った人たち向けにも道標となるような本を書いてほしい」という声を多数いただきました。そこで、同世代のビジネスパーソンとのやり取りを振り返った結果、いかに多くの人が仕事を心の底から楽しんでいないかということに気がつきました。

それならば、皆さんがちょっとした工夫や、ものの考え方を変えることで毎日を楽しめるようにしたい。ちょうど入社10年目くらいの皆さんの羅針盤となる1冊を書いてみたいというのが、本書執筆の動機です。

入社10年目というと30歳前後にあたります。人生を航路に喩えるなら、10代は出航の準備期間、20代は出航の時、30代は大海原を航海している時です。20代のうちはただがむしゃらに働いていた人も、仕事やプライベートで大小さまざまな悩みを抱え、人生の大海原で迷うこともあるでしょう。

僕も30歳前後の時は迷うことの連続でしたが、その時に羅針盤が必要になるはずです。この本を読んで、迷いから抜け出すためのきっかけを何かしら見つけていただければ、著者としてこれ以上の喜びはありません。

２０１２年3月15日、ライフネット生命保険はマザーズ市場に上場を果たすことができました。これもひとえに、毎日楽しみながら働いてくれている社員の努力の賜物です。しかし、まだまだ目標は先にあります。その道程を、僕も社員も楽しみながら進んでいくことでしょう。ライフネット生命保険のチャレンジを応援してくださっている多くの皆さんに感謝を述べて、筆をおきたいと思います。

２０１２年5月

岩瀬大輔

装　丁――一瀬錠二（Art of NOISE）

〈著者略歴〉

岩瀬大輔（いわせ　だいすけ）

ライフネット生命保険株式会社 代表取締役副社長。

1976年埼玉県生まれ。東京大学法学部卒業。大学在学中に司法試験に合格。その後、ボストン・コンサルティング・グループなどを経て、ハーバード経営大学院に留学。卒業時に、日本人では４人目となる、上位５％に入る成績最優秀称号（ベイカー・スカラー）を受ける。帰国後、ライフネット生命保険設立に参画。2009年より現職。2010年、世界経済フォーラム（ダボス会議）「ヤング・グローバル・リーダーズ2010」に選出。2012年３月15日東証マザーズに上場。

著書に『入社１年目の教科書』（ダイヤモンド社）、『生命保険のカラクリ』『ネットで生保を売ろう！』（以上、文藝春秋）、『ハーバードＭＢＡ留学記』（日経ＢＰ社）、『132億円集めたビジネスプラン』（ＰＨＰ研究所）などがある。

twitter：@totodaisuke

本書への感想はこちらにお寄せください。

daisukeiwase.php@gmail.com

入社10年目の羅針盤
つまらない仕事が楽しくなる

2012年７月４日　第１版第１刷発行
2012年７月18日　第１版第２刷発行

著　者　岩　瀬　大　輔
発行者　小　林　成　彦
発行所　株式会社ＰＨＰ研究所
東京本部 〒102-8331　千代田区一番町21
文芸出版部 ☎03-3239-6256（編集）
普及一部 ☎03-3239-6233（販売）
京都本部 〒601-8411　京都市南区西九条北ノ内町11
PHP INTERFACE　http://www.php.co.jp/

制作協力
組　版　株式会社PHPエディターズ・グループ
印刷所
製本所　図書印刷株式会社

ISBN978-4-569-80591-7

PHPの本

道をひらく

松下幸之助 著

運命を切りひらくために。日々を新鮮な心で迎えるために――。人生への深い洞察をもとに綴った短編随筆集。40年以上にわたって読み継がれる、発行450万部超のロングセラー。

定価九一四円
（本体八七〇円）
税五％

脳と心の整理術

忘れるだけでうまくいく

茂木健一郎 著

忘れることができれば、あなたの人生はうまくいく。脳と心をどのように整理すればよいかを開陳！　今ここを生きるための脳のレッスン書。

定価一、一五五円
（本体一、一〇〇円）
税五％

PHPの本

132億円集めたビジネスプラン

熱意とロジックをいかに伝えるか

岩瀬大輔　著

ライフネット生命保険起業の為に集めた132億円。その資金を集めた、市場分析、財務戦略、組織づくりなどのビジネスプランを初公開！

定価一、二六〇円
（本体一、二〇〇円）
税五％